서른에 읽는

손자법

손자병법에서 찾은
싸우지 않고 이기는 지혜

양현승 지음

MIRAE
BOOK

많이 들어 익숙하지만 잘 몰랐던 《손자병법》과 친해지기

사실 지금 이 책을 펼쳐 읽고 있는 여러분들 중 《손자병법》에 대해 한 번도 안 들어본 분은 없을 것이다. '상대방과 나를 알면 백 번 싸워도 위태롭지 않다(知彼知己 百戰不殆)'는 문구는 책이나 방송에서 많이 접했기 때문이다. 그래서일까? 《손자병법》은 읽어보지 않은 사람도 어색하기보다 익숙하게 다가온다. 그러나 익숙하지만 친하지는 않은 것 역시 사실이다.

"우리가 무엇을 생각하느냐, 무엇을 알고 있느냐, 무엇을 믿고 있느냐는 별로 중요하지 않다. 중요한 것은 결국 우리가 무엇을 행동으로 실천하느냐이다."

영국의 사회철학자였던 존 러스킨이 우리에게 남긴 말이다. 무엇보다 실천이 중요함을 강조한 문구이다. 이 책은 여러분이 《손자병법》을 알고 있다 또는 읽어 봤다로 끝나길 바라는 마음으로 쓴 책이 아니다. 《손자병법》의 중요 문구와 부끄럽지만 내가 직접 실천하면서 겪었던 시행착오들을 같이 공유하며 여러분들이 살아가고 있는 치열한 삶 속에서 실천하고 원하는 바를 꼭 이루기를 바라며 썼다.

기존 출간된 《손자병법》 서적들은 중국 고문 또는 전쟁사례와 접목하여 작성되어 있다. 그리고 그 책들은 대부분 수십 년간 동양 고전 분야를 연구한 전문가들께서 원문을 번역하신 내용들이다. 나는 그분들보다 고전 분야에 대해서 공부를 많이 한 것도 아니고 잘 알지도 못한다. 그러나 사관학교 동기에게 《손자병법》 책을 선물로 받은 뒤 25년이 지난 지금까지 항상 가까이에 두고 읽으며 실천하고자 누구보다 노력했다. 그래서 이 책은 《손자병법》 이론서가 아닌 존 러스킨이 강조한 것처럼 내가 《손자병법》의 내용을 직접 실천하면서 겪은 내용들이 담겨 있는 실천서이다.

《손자병법》은 '싸우지 않고 이기는 것'을 무엇보다 강조한다. 우리가 무엇을 이루고자 할 때에는 반드시 경쟁자가 있다. 누구나 바라고 원하는 것일수록 경쟁자는 많아지고 경쟁은 더욱 치열하다. 그런데, 그 상황 속에서 내가 싸우지 않고 이길 수 있을까? 경쟁자가 쉽게 포기할까? 반대로 나라면 포기할 수 있을까? 그렇지 않다. 그래서 '싸우지 않고 이긴다'는 것은 어딘가 모순이 있는 것 같다. 그러나 반대로 그 문장의 의미를 제대로 이해한다면 승리자가 될 수 있다.

1장에서는 수많은 리더들이 《손자병법》을 읽은 이유에 대해서 기술했다. 《손자병법》은 2,500여 년 전에 서로 간의 영토를 뺏고 뺏기며 삶과 죽음을 결정짓는 수많은 전쟁을 거치면서 작성된 고전이다. 수많은 왕과 장군들은 이기기 위해서 전쟁을 했지만 전쟁 후에 남은 것은 수많은 사람들의 희생과 폐허로 변한 도시들이었다. 상처뿐인 영광인 것이다. 그렇기 때문에 피해를 최소화한 상태에서 승리하는 것의 중요성을 강조하는 《손자병법》은 그들에게 필독서였을 것이다. 그때뿐이겠는가? 지금 세계에 큰 영향력을 끼치고 있는 빌 게이츠와 같은 리더들 역시 최소의 희생으로 최대의 효과를 얻기 위해 《손자병법》을 필독서로 읽고 있다. 그들은 싸우기 전에 어떠한 준비를 해야 하며, 어쩔 수 없이 경쟁하게 될 경우 어떠한 방법으로 접근해야 하는지 그 비법을 깨달은 것이다. 그러나 그러한 비법은 꼭 세계적인 리더들에게만 보이는 것이 아니다. 이 책을 읽고 있는 독자분들과 나 역시 찾고 실천할 수 있다.

2장은 지금 삶이 힘들고 어렵다고 해서 스스로를 패배자라고 생각하기보다 《손자병법》을 읽고 승리자가 되는 방법을 제시했다. 현재의 삶을 있는 그대로 받아들이되 자존심을 내세우기보다 자존감을 높여야 하며 기본에 충실하다 보면 승리자가 될 수 있는 기회가 온다는 것을 공유하고 싶었다.

3장은 지금 여러분이 잘하고 있다고 생각되는 것들에 대해 익숙함에 취해 앞으로 나아가지 못하는 실수를 저지르지 않도록 강조했다. 《손자병법》에서는 경쟁자보다 우위에 서기 위해서는 경쟁자의 지혜를 내 것으로 만들 수 있어야 하며, 내게 유리한 기회가 올 때까지 참고 기다릴 수 있어야 함을 언급했다. 특히, 눈앞에 보이는 사사로운 이익에만 급급할 경우 소중한 것을 놓칠 수 있다고도 했다.

4장은 《손자병법》에서 싸우지 않고 이기는 지혜들을 정리했다. 내가 원하는 바를 이루기 위해서는 어떠한 비전을 가지고 접근해야 하는가와 상대방의 진짜 마음을 읽는 방법 등을 알 수 있다. 또한, 손에 무기를 쥐고 있기보다 때로는 무기를 버리고 악수를 할 수도 있어야 하며 내 앞에 있는 장애물들에 걸려 넘어지기보다 승리의 디딤돌로 만들 수 있는 지혜도 포함되어 있다. 그리고 경쟁자가 나의 의도를 알아차릴 수 없도록 하는 방법과 현재와 미래를 동시에 생각하고 행동할 수 있는 지혜 등도 제시했다.

5장은 '승리는 누군가가 주는 것이 아니라 내가 치밀하게 계획하고 실천해야 얻을 수 있음'을 강조했다. 내가 잘 해낼 수 있다는 믿음을 가지고 치열하게 생활하는 것이 중요하다. 물론 무작정 속도만 높이기보다 내가 나아가고자 하는 방향이 제대로 가고 있는지에 대한 성찰이 필요하다. 또한, 경쟁자가 항상 내게 해를 끼치는 존재가 아닌 서로 시너지 효과를 낼 수 있다는 것을 깨달았을 때 나 역시 한층 발전한다는 부분도 언급했다.

내가 이 책을 쓰기 시작한 이유는 고등학교를 졸업하고 이제 막 성인이 된 딸을 위해 쓴 것도 있지만, 인생을 어떻게 살아야 할지 막막한 20~30대 사회 초년생들에게 도움이 되었으면 하는 다음과 같은 마음 때문이었다.

첫 번째는 전쟁터와 같은 사회생활을 하기 전에 《손자병법》을 한번 접할 수 있도록 해주고 싶었다. 그래서 살아가면서 힘들 때 쉽게 좌절하지 않고 실력을 키워 경쟁자와의 승부에서 정정당당하게 승리를 할 수 있는 지혜를 갖추기를 바랐다. 두 번째는 내가 군인으로 생활하면서 겪은 경험을 《손자병법》 문구들과 연계해서 알기 쉽게 설명해주고 싶었다. 나에게 있어서 수십 년간의 군 생활은 정말 많은 것들을 배우고 깨달은 의미가 깊은 시간이었기 때문이다.

이 책을 읽는 독자분들 역시 많이 들어봐서 익숙했던 《손자병법》과 친해질 수 있기를 바라고, 나 같은 부족한 이도 실천하기 위해 노력했다는 것에 용기를 얻었으면 좋겠다. 여러분들 역시 이를 알고 실천한다면 인생에서 멋지게 성공할 거라 확신한다.

孫子兵法

차례

1 왜 수많은 리더들이 《손자병법》을 읽었는가

2 패배자가 아닌 승리자가 되고 싶다면 《손자병법》이 답이다

孫子兵法

1

왜 수많은 리더들이
《손자병법》을 읽었는가

자신만의 영역을 확고하게 구축했던 리더들의 공통점은 무엇일까?
모두 《손자병법》을 읽고 필독서로 꼽는 데
주저하지 않았다는 것이다.

세계의 리더들이
필독서로 꼽은《손자병법》

우리가 잘 알고 있고 부러워하는 세계의 리더들은 대부분 독서광이다.

세계 최고의 부자인 빌 게이츠는 1만 4천여 권에 달하는 책을 보유하고 있다. 마크 저커버그는 컴퓨터과학과 심리학, 고전과 역사 관련 책을 읽고 '누구나 인간은 연결되고 싶어한다'는 것을 깨달은 후 '페이스북'을 만들어 최연소 억만장자가 되었다. 소프트뱅크의 창업자로 일본에서 손꼽히는 부자 중 하나인 손정의는 만성 간염으로 2년 동안 병원에 입원했을 때 무려 4천 권의 책을 읽었다.

중화인민공화국을 세운 마오쩌둥은 마치 소가 남의 밭에 들어가 처음으로 맛난 풀을 뜯어먹듯이 죽기 살기로 멈추지 않고 책을 먹어 치웠다고 한다. 특히 '삼복사온(三復四溫)' 독서법, 즉 세 번 반복해서 읽고 네 번 읽히는 독서를 통해 자신만의 독서법을 만들기도 했다.

위에서 언급한 수천 권에서 만 권 넘게 책을 읽고 자신만의 영역을 확고하게 구축했던 리더들의 공통점은 무엇일까? 모두 《손자병법》을 읽고 필독서로 꼽는 데 주저하지 않았다는 것이다.

마이크로소프트(MS) 창립자인 빌 게이츠는 《손자병법》을 단순히 필독서로 꼽았을 뿐 아니라 "오늘날 나를 만든 것은 《손자병법》"이라고 자서전에서 언급했다. 마크 저커버그도 읽었던 많은 고전 중에서도 중요한 결정을 할 때는 《손자병법》을 참고한다고 했으며, 마오쩌둥 역시 죽는 순간까지 《손자병법》을 침상에 두었다고 한다. 일본뿐 아니라 세계적인 IT 재벌 손정의는 《손자병법》을 읽고 사업에 적용할 뿐 아니라 더 나아가 자신만의 '제곱법칙'을 만들어 활용했다. 손자의 '손'과 손정의의 '손'을 곱했다는 의미인 '제곱법칙'은 자신이 중요하다고 생각한 한자 25개를 정한 뒤 그 의미에 맞게 전략을 세우고 회사 경영을 해서 성공한 것이다.

위 리더들뿐 아니라 제너럴 일렉트릭, 시몬스, 하이얼 같은 세계적인 회사의 대표들도 《손자병법》을 철저히 연구해서 경영의 해법을 찾았다. 그렇다면 왜 세계적인 리더들이 《손자병

법》을 최고의 책이라고 언급하는 것일까? 여러 가지 이유가
있을 수 있지만 나는 《손자병법》의 첫 구절에 그 답이 있다고
생각한다.

孫子兵法

전쟁은 국가의 중대사이다. 그것은 국민의 생사가 달려 있
는 곳이며 국가의 존망이 결정되는 길이니 깊이 고찰하지
않을 수 없다.

손 자 왈　명 자　국 지 대 사　사 생 지 지
孫子曰, 兵者, 國之大事, 死生之地,
존 망 지 도　불 가 불 찰 야
存亡之道, 不可不察也

2011년 미국 역사상 최고의 전쟁영웅 16인 중 한 명으로
선정되고, 2차 대전과 6·25 전쟁의 영웅이었던 미 육군 예비
역 대령 '김영옥'은 "말이나 관념이 아니라 실력과 행동이 결
과를 정의한다는 점에서 전쟁터보다 솔직한 곳이 없었다"라
고 했다. 실제 전쟁터에서 부하의 목숨을 지키고 주어진 임무
를 완수했던 분이 언급했기에 더 신뢰감이 간다.

그러나 전쟁의 지휘관들뿐 아니라 세상의 사업가나 정치

가 등 모든 리더들은 자신의 조직을 둘러싼 환경을 전쟁터라고 생각한다. 자칫 잘못할 경우 본인뿐 아니라 구성원들까지 직장을 잃게 될 수 있기 때문이다. 손정의도 "비즈니스는 전쟁이다. 모든 행동은 승률이 반반일 때가 아닌 70%의 확신이 들면 하라"고 했다. 리더들은 조직을 승리로 이끌기 위해 고민하고 또 고민한다.

우리가 읽고 같이 이야기를 나누고자 하는 《손자병법》에는 이러한 내용들이 모두 녹아있다. 물론 모든 방법을 구체적으로 기술하고 있지는 않다. 그래서 읽는 독자들마다 다양하게 생각하고 행동할 수 있는 여지를 준다. '아는 만큼 보인다'는 말처럼 똑같이 《손자병법》을 읽더라도 생각하는 바가 다르고, 그에 따라 행동이 달라질 수 있다.

빌 게이츠는 《손자병법》 전략을 활용해 중국 워드프로세스 분야 시장에 진출했다. 마이크로소프트는 90년대 초 중국 워드프로세스 시장에 진출하고자 했으나 중국 회사들의 가격 경쟁력으로 점유율을 끌어올리지 못했다. 그러나 빌 게이츠는 인구 10억이 넘는 중국 시장의 잠재력을 보고 투자할 때 성급하게 승부를 보려고 하지 않았다. 10년 동안 경쟁력을 갖추며 기다렸다. 그 결과 2004년 중국 상무부에서 발표한 중국 워드프로세스 시장 점유율 중 마이크로소프트사는 무려 95%

를 점유할 정도로 중국 시장에서 독점 체제를 구축했다.

또 한 명의 리더인 미국의 45대 대통령 트럼프는 사람들마다 호불호가 강한 인물이다. 그를 바라보는 시선은 다양하지만, 변하지 않는 사실은 지금까지 총 18권의 책을 출간했다는 것이다. 그중《반드시 해내겠다 말하라!》라는 저서에서 '사업과 경영전략에 매우 유용한 책'으로《손자병법》을 소개하며 '꼭 읽어야 하는 소중하고 가치 있는 책'이라고 언급했다.

이러한《손자병법》을 나는 2000년 초 23살에 처음 접했다. 사관학교 동기였던 윤석록이 생도 4학년에 진학하기 전 '이 책이 너의 군 생활에 조금의 도움이 될 수 있을 거라 생각하며 샀어. 나 이 책 2번 읽었는데 괜찮아. 이해도 쉽고, 좋은 모습 간직해라'라는 메모와 함께 선물해주었다. 말로만 들었던《손자병법》을 처음 접했을 때는 한자도 많고 어려운 내용이 많았는데, 이 책을 2번이나 읽어 보았다는 동기가 대단하다고 생각했다.

선물로 받은 책이어서 여러 번 읽고 정리를 해보기도 했다. 그러나 20년이 지난 지금도 내용이 기억나지 않을 때가 많아 그때마다 다시 펼쳐본다. 그리고 똑같은 내용을 읽어도 기존에 생각했던 것과 다르게 다가올 때도 있다. 그러한 행동이 반복되며 지금까지 부족한 부분을 조금씩 채워가고 있는 것 같다.

《손자병법》을 읽고 목표한 바를 이루는 사람은 꼭 세계적인 리더만 있는 것은 아니다. 개그맨으로서 성공하지 못했지만 《손자병법》을 읽고 사업으로 성공한 고명환 씨도 있다. 그분에게는 미안하지만 여러분 중 대다수는 아마 처음 들어봤거나 잘 모를 수 있다. 개그맨으로서 크게 성공하지 못했던 그는 여러 가지 사업을 하다가 실패했다. 그러던 중 큰 교통사고를 당했고 당시 뇌출혈로 시한부 판정을 받기도 했다. 다행히 건강을 회복했고, 그 기간 중 새로운 삶을 얻었다고 생각해 그 이후로 3천여 권의 다양한 책을 읽었다. 그중에서도 《손자병법》을 읽으며 망하기만 했던 음식 장사의 성공 비결을 깨달았다고 한다. 그 결과 음식 장사에 성공했고 어느덧 연매출 20억 가까이 벌 수 있게 되었다.

세계의 리더들과 고명환 씨의 공통점은 많은 책을 읽었으며, 《손자병법》의 내용들을 자신의 삶에 접목시켜 성공했다는 것이다. 오히려, 먼 나라 이야기처럼 막연했던 유명한 리더들의 성공담이 아닌 교통사고 후 독서에 빠진 뒤 《손자병법》의 구절들을 삶에 적용한 고명환 씨의 이야기가 더 와닿을 수도 있다.

지금 이 순간 이 책을 읽고 있는 여러분들 중 이미 그들처럼 하고 있는 분도 있을 것이다. 그러나 바쁜 일상을 살아가고 있는 대부분은 아직 시작하지 못했을 것이다. 늦은 것은 인정하되 지금부터 시작하면 충분히 만회할 수 있다. 지금부터 시작하면 된다. 나 역시 부족한 부분을 채워가고 있다.

◆ ◆ ◆

"나는 책만 읽었지. 책이 알려주는 것을 따르지 않았다.
실패의 원인과 새로운 사업의 전략을
《손자병법》에서 찾았다."

개그맨 고명환

승패에 우연은 없다
나의 승리와 패배에는 다 이유가 있다

"오늘 나의 불행은 언젠가 내가 잘못 보낸 시간의 보복이다."

유럽 대륙을 정복했던 프랑스의 군인이자 황제였던 나폴레옹이 남긴 말이다. 정확한 근거는 전해지지 않지만 나폴레옹도 16세기 유럽으로 건너가 번역되었던《손자병법》을 전쟁터에서 즐겨 읽으며 실제 전술로 이용했다고 전해진다. 나폴레옹은 지금의 당신이 무엇인가를 이루지 못하고 실패해서 불행해졌다면 그 원인은 당신에게 있고, 당신이 시간을 제대로 보내지 못했기 때문이라고 했다.

하루하루를 열심히 살아가고 있는 여러분들은 나폴레옹이 한 말에 동의하고 순순히 받아들일 수 있는가? 대부분 그렇지 않을 것이다. 우리는 바쁜 인생을 살아가고 있다. 아침부터 지금까지 무엇을 하며 어떻게 보냈는지도 모르게 지내고 있다.

시간에 쫓기며 점심식사를 거르거나 제시간에 못하는 경우도 많다. 나는 누구보다 치열하게 살고 있다.

그러나 12월 31일이 되어 올 한 해를 뒤돌아보면 '난 1년 동안 무엇을 했지?' 하는 생각에 답답함이 밀려온다. 그리고 '다음 직급으로 승진하려면 어떻게 하지? 영어 성적도 올려야 하고 자격증도 취득해야 하는데…', '다른 회사로 이직하려면 석사학위는 있어야 하는데 대학원을 다녀야 하나?', '회사 입사 동기 A는 주식 투자로 2천만 원 넘게 벌었다고 하던데, 지금이라도 주식 투자를 시작할까?' 등 앞으로 더 나은 내 인생을 위해 다양한 고민을 한다. 답답한 마음에 서점에 가서 베스트셀러 책 몇 권을 사고, 영어 학원을 등록해 보지만 또 동일한 바쁜 일상이 반복되면 책들은 책장에 그대로 꽂혀 있고 영어 수업은 결국 나가지 못하게 된다. 결국 승진자 명단에 내 이름은 없다. '내가 시간을 제대로 보내지 못한 것인가' 하고 자책하다 결론은 이번에 운이 없었을 뿐이라고 스스로를 위로해본다. 그러나 쓸쓸함이 계속 남아있다. 이러한 부분에 대한 방향을 제시하는 《손자병법》의 문구가 있을까?

용병의 방법은 아측의 병력이 적의 10배가 되면 포위하고,

5배가 되면 공격하고,

배가 되면 나의 병력을 나누어 적을 상대하고,

병력이 대등하면 능숙하게 적과 싸우고,

적보다 능력이 열세하면 능숙하게

적과의 정면대결을 피하고, 그렇게도 되지 못할 정도로

열세하면 능숙하게 적을 회피하는 것이다.

그렇기 때문에 열세한 군대가 힘을 고려하지

않고 적에게 정면으로 맞서 대응하면 대군에 의해

사로잡히게 되는 것이다.

故用兵之法, 十則圍之, 五則攻之, 倍則分之, 敵則能戰之,

少則能逃之, 不若則能避之, 故小敵之堅 大敵之擒也

《손자병법》은 내가 적보다 10배, 5배, 2배 차이로 우세하거나 비슷할 경우, 그리고 약할 때를 구분해서 어떻게 상대할 것인가를 구체적으로 알려주었다. 즉, '나에게 주어진 상황을 제대로 판단하고 행동을 해야 승리할 수 있고 그렇지 못할 경

우 패배할 수밖에 없다'고 언급한 것이다. 그렇다면, 열심히 해도 제대로 된 성과를 내지 못해 답답한 우리들은 이 문장에서 무엇을 얻고 해답을 찾을 수 있을까? 내가 군사교육을 받으면서 실패하고 극복했던 사례를 통해 그 해답을 찾아가보자.

장교의 계급 구조는 위관(소위, 중위, 대위)과 영관(소령, 중령, 대령) 그리고 장군(준장, 소장, 중장, 대장)으로 되어 있다. 장교는 군 생활 기간 중 총 3번의 군사교육을 받아야 한다. '군대까지 가서 또 공부를 해야 하나?', '총만 잘 쏘면 되는 것 아닌가?' 하고 생각하는 분도 있을 것이다. 그러나 장교가 군사적 식견을 갖추지 못하고 부하들과 함께 임무를 수행할 수 있는 리더십이 부족한 것만큼 위험한 것은 없다. 따라서, 군사교육을 통해 군 복무 기간 중 부족한 부분을 보완해야 한다. 물론 군사교육 기간 중에도 쪽지 시험을 보고 과목 시험을 보는 등 평가를 해서 등수를 나눈다.

첫 번째 교육은 임관 후 소위 때 받았다. 열정도 있었고 임관 전 군사교육 기간 동안에 배운 것도 있어서 교육을 받으면서 힘들다기보다는 소대원들을 처음 만나 설레는 마음으로 교육 기간을 보냈고 성적도 괜찮았다. 소대장을 마치고, 새로운 부대에 복무를 하면서 결혼을 했다. 당시 나이 26세였다. 사회 친구들이 군 복무 마치고 대학교에 복학했거나 사회생활을 막 시작하는 시기에 결혼을 일찍 한 것이다. 그리고 1년 뒤 두 번째 교육을 받았다.

두 번째 교육을 받으러 갈 때는 첫 번째와 상황이 많이 달라져 있었다. 소대장 직책을 마치고 나서 수행하는 참모 업무는 배우고 익혀야 할 것이 많았다. 소대원들과 함께 뛰고 교육훈련을 하며 지냈던 기간과 달리 참모 업무는 사무실에서 배워야 할 일들이 많았다. 문서 양식뿐 아니라 첨부 문서를 작성하는 방법, 그리고 업무 관련 실무자들과 통화하며 확인해야 할 사항 등은 머리로 이해한다고 금방 능숙하게 할 수 있는 것이 아니었다. 모든 일들이 직접 부딪히고 경험을 쌓아가며 익숙해져야 하는 일들이었다.

나는 아침에 출근하면서 퇴근할 때까지 기본적으로 해야 할 업무들을 하나씩 체크해가며 했지만, 모르는 부분이 한두 개 나오면 확인하느라 시간이 너무 빨리 지나갔다. 게다가 주기적으로 하는 훈련을 준비하고 실시할 때면 항상 시간이 부족하다고 느꼈다. 또, 아내는 임신 7개월 차였다. 내가 교육 기간 중에는 주말에만 볼 수 있었고 4개월 교육 기간 중 언제 아기가 태어날지 모르기 때문에 사전에 준비해야 할 일도 많았다. 과장님께서 이런 나의 사정을 아시고 여러모로 배려해 주셨지만 일을 하면서 항상 바빴고 부족함을 많이 느꼈다.

소대장을 마치고 처음 참모 업무를 시작할 때부터 과장님을 포함한 주변의 선배 장교들은 '교육 성적이 좋아야 소령 진급을 할 수 있다', '교육 가기 전에 중요 과목들은 반드시 공부하고 가야 한다' 등 교육 성적의 중요성을 여러 차례 이야기해주셨다. 그러나 나는 관심있게 듣지 않고 흘려보냈다. 배워야 할 업무들도 많았고, 참모 업무를 시작한 지 얼마 안 되었을 때 아내가 임신했기 때문에 1년 뒤에나 들어가야 할 교육은 내게 후순위였다. 게다가, 첫 번째 교육 때 어렵지 않게 좋은 성적을 받아서인지 '입교한 다음에 집중해서 하면 되겠지'라는 생각이 있었다. 결국, 나는 별다른 준비 없이 입교했다. 그러나 현실은 달랐다. 첫 교육 때보다 양과 질적으로 배워야 하는 것들이 달랐다. 미리 예습하고 외울 것을 외우고 입교해야 수업을 따라가고 토론에 참여할 수 있는데 나는 그러지 못했다. 수업 내용도 이해가 잘 되지 않았고 시험 성적도 안 좋았다. 한 달 동안은 그렇게 멍한 상태로 지냈다.

나 스스로 '업무하느라 바빠서 어쩔 수 없었어'라고 위안을 삼고 싶었지만 그것은 내 변명일 뿐이었다. 나보다 더 바쁜 직책에 있었던 동기와 선배들도 같이 입교해서 교육을 잘 받고 있었기 때문이다. 중간에 교육을 포기할 것이 아니라면 결론은 하나였다. '끝날 때까지 끝난 게 아니다'라는 생각으로 열심히 해야 했다. 한 달 동안 한참이나 밀려있었던 등수를 남은 3개월 동안 만회하기 위해 이를 악물고 했다. 교육이 끝나고 나서 나 스스로에게 어떠한 변명도 하기 싫었기 때문이다. 그리고 3개월이 지나 수료할 때 다행히 30% 내 등수에 들 수 있었다.

나는 군 생활 기간 중 아직도 대위 때 받았던 두 번째 교육 기간이 가장 부끄러운 흑역사이다. 상황이 변하면 행동을 그에 맞춰 다르게 해야 하는데 나는 그대로 행동했다. 나 자신을 너무 믿었고, 안일했다. 스스로에게 교만했던 것이다. 결국 회복하는 데 더 많은 노력을 기울여야 했다. 그때 깨달은 것은 승리와 패배는 열심히 하고 바쁘게 생활하는지 여부에 의해 결정되지 않는다는 것이었다. 나를 둘러싸고 있는 상황들이 변했을 때 위협 요소를 식별하고 나에게 한정된 시간 내 해야 할 업무의 우선순위를 결정해야 하는 것이었다. 그리고 실천해야 한다. 그렇지 않으면, 또 나처럼 변명을 하면서 선택을 후회할 것이다.

◆ ◆ ◆

"세상에서 가장 어리석고 못난 변명은 시간이 없어서."
에디슨

완벽하려다 실패하는
우리들의 인생

미 언론인 헨리 루이스 멩켄은 "모든 인간의 문제에는 깔끔하고 간단한 해답이 있지만 그 답은 항상 그르다"고 했다. 그만큼 우리 인생은 수학문제 풀듯이 답이 명쾌하게 나올 수 없다. 여러 변수가 많아서 'A는 B다'라고만 이야기할 수 없는 것이다. A는 B일 수도 있고, C일 수도 있으며 때로는 D일 수도 있다. 그만큼 우리 인생사는 쉽지 않다. 오히려, 일이 너무 명쾌하고 술술 잘 풀린다면 경계해야 한다. 우리에게는 보이지 않지만 여기저기 함정이 숨어 있을 것이다. 어쩌면 학창시절에 부러워했던 '킹카' 또는 '인싸'들도 우리가 몰랐을 뿐 주위 시선들 때문에 차마 밖으로 표현하지 못했던 여러 고민을 하면서 지냈을 것이다.

인생사가 어렵고 복잡한 것도 알겠고, 답이 딱 떨어지지 않는 것도 알겠다. 그런데 왜 모두에게 소중한 인생의 승부처에서 누구는 승리하고 다른 누군가는 실패하는 것일까? 그것은 내가 나를 바라보는 시선과 상대방이 나를 바라보는 시선이 같다고 생각하는 인식에 그 출발점이 있다.

나는 다른 사람들이 나를 바라볼 때 성공한 멋진 모습, 즉 90점에서 95점 정도로 봐주기를 바란다. 그러나 상대방은 나를 바라볼 때 현재의 있는 그대로의 내 모습, 즉 60점에서 많이 줘야 70점 정도로 바라볼 것이다. '나를 그렇게밖에 생각하지 않는다고?', '나에 대해서 얼마나 안다고?', '나는 내가 제일 잘 알아. 다른 사람들의 눈은 의식할 필요 없어'라고 생각할 수 있다. 그러나 누가 얼마나 빨리 이 바라보는 인식 차이를 인정하고 본질에 접근하는가가 중요하다. 그래야 나 스스로 그 점수 차이를 줄이기 위해 더 노력할 수 있다. 인정하지 않고 내가 완벽하다고 여겨 행동하면 실패하는 그 누군가가 되는 것이다. 《손자병법》에서도 스스로 완벽하다고 생각하는 리더가 실패하게 되는 5가지에 대해 언급했다.

孫子兵法　　　　　　　　　　　　　　　　　　8편 구변편

장수에게는 다섯 가지 위험한 일이 있다.

지나치게 용기만 내세우면 죽을 수 있고

죽기 살기로 싸워야 할 때 살아남고자 하면

적에게 사로잡히게 된다.

내 기분을 이기지 못하고 성급하게 행동하면

수모를 당할 수 있다.

지나치게 성품이 깨끗해 적을 속일 줄 모르면

치욕을 당할 수 있고,

병사들에 대한 사랑이 지나쳐 희생을 감내하지 못하면

필요할 때 과감한 행동을 못한다.

무릇 이러한 것은 장수의 잘못이요, 용병의 재앙이 된다.

故將有五危 必死可殺 必生可虜

忿速可侮 廉潔可辱 愛民可煩

凡此五危 將之過也 用兵之災也

인생을 살아가다 보면 결정적인 선택의 시기가 찾아온다. '어느 대학교 무슨 과를 갈 것인가? 어느 회사에 취직할까? 내 남자친구와 결혼해도 될까? 회사를 옮겨야 하나? 은퇴 후 치킨집을 해볼까?' 등 다양한 고민을 하고 선택을 한다. 이때 내가 생각하는 나와 상대방이 바라보는 나의 차이를 줄이려

고 하지 않은 상태에서 행동을 하면 어떻게 될까?

아마도《손자병법》에서 언급했듯이 결정적인 순간에 신중하게 선택하기보다 무모한 결정을 하게 될 것이다. 또, 자신감이 너무 높은 상태일 경우 주변의 이야기에 귀를 기울이기보다는 본인의 선택을 최선이라고 과신하게 된다. 만약, 생각한 대로 일이 진행되지 않으면 감정을 절제하지 못하고 일을 그르칠 수도 있다.

'A'는 'B'라는 회사에 다니고 있지만 불만이 많다. 본인 능력 대비 연봉이 적다고 생각하기 때문이다. 그래서 여러 회사에 이력서를 보내며 더 좋은 곳으로 이직하려고 한다. 마침 'C'라는 회사에서 스카우트 제의가 들어왔다. 연봉도 지금보다 1.5배를 더 준다고 했다. 그런데 'C' 회사는 'A'에게 기존하던 마케팅 기획 실무자가 아닌 관리자의 역할을 요구했다. 'A'가 적은 이력서에 마케팅 기획뿐 아니라 판매 경력을 보고 문의한 것이다. 실제 그 부분은 'A' 회사 입사 초기에 옆에서 보조로 1년 했을 뿐이었다. 잠깐 망설였지만 연봉을 더 받을 수 있다는 생각에 무조건 할 수 있다며 'C' 회사로 이직을 했다. 그러나 중간관리자 입장에서 전체를 볼 줄 아는 능력이 아직 부족했던 'A'는 6개월도 지나지 않아 몇 번 실수하게 되어 회사 내 마케팅 실무자로 자리를 옮기게 되었고, 연봉은

'B' 회사에 다닐 때보다 적어지게 되었다.

　프로 선수들도 FA 기간에 오랫동안 정들었던 팀을 떠나 본인의 가치를 높게 인정해주는 구단으로 이적하는 경우를 많이 볼 수 있다. 본인을 더 알아주는 좋은 회사, 연봉을 많이 주는 곳으로 이직하는 것은 당연하다. 그래야 인정을 받고 옮긴 회사에서 더 열정을 가지고 일할 수 있게 되니 결국 회사에도 이익이 된다.

　그러나 'A'는 이력서에 본인이 맡아서 하지 않고 보조 역할만 했던 일을 경력에 포함했다. 즉, 상대방이 바라보는 나의 점수를 높이기 위해 무리수를 띄운 것이다. 점잖게 이야기하면 무리수이지만, 나쁘게 이야기하면 상대방을 속인 것이다. 'A'는 'B' 회사에서 능력을 더 인정받아 승진해서 원하는 연봉을 받거나, 'C'뿐 아니라 다른 회사들에서 서로 모셔갈 수 있도록 본인의 전문 분야는 물론 관리자 능력도 키워야 했다. 프로 선수들 중에서도 팔꿈치가 아프거나 허리가 안 좋은데도 FA 계약 시 솔직하지 못해 계약 후 선수 생활을 얼마 하지 못하고 벤치로 물러 앉아 구단과 팬들에게 실망을 안겨준 경우도 많이 보았을 것이다.

　독일 작가 에크하르트 톨레는 '미래에 대한 생각으로 불충분한 자신의 존재가 완벽해지기를 꿈꾸지 말라. 강박관념에 사로잡혀 더 많은 것을 추구하려 할 뿐이다. 불행해지는 방법에는 2가지가 있다. 원하는 것을 갖지 못하는 것과 원하는 것을 모두 갖는 것이다'라고 했다. 미래에 대해 스트레스받아 무리수를 두지 말라는 것이다. 내가 완벽한 삶을 살고 싶다고 해서 그렇게 살아갈 수는 없기 때문이다. 즉, 본인이 현재 70점인데 갑자기 95점 이상 점수를 받고 싶다고 강박관념에 사로잡혀 무리수를 띄우면 더 크게 실패할 수 있다.

그런데 톨레의 글을 읽으면서 '내가 원하는 것을 모두 갖게 되어도 불행해진다고?'라고 생각할 수도 있다. 이 내용은 앞서 《손자병법》과 사례에서 나온 내용을 다시 한번 강조하는 것이다. 내가 무엇인가를 얻고자 하면 스스로 열심히 노력해서 얻으면 된다. 그런데 타인이 나를 바라보는 점수를 조작해서 얻으려고 하면 그때부터 실패자가 되는 길을 걷는 것이다. 에크하르트 톨레가 불행해지는 방법이 원하는 것을 갖지 못하는 것과 원하는 것을 모두 갖는 것이라고 했던 것처럼 나의 위치를 제대로 바라보지 못하고 무언가를 왜곡해서 얻고 나면 그것이 내게 더 큰 불행으로 다가올 수 있다.

◆ ◆ ◆

"어리석음의 산에 붙잡힌 사람을 치료하는 방법은

겸손함이라는 해독제를 정기적으로 복용하는 것이다.
겸손함이 인생의 경험을 흡수해서 이것을 지식과 지혜로
바꾸어 놓는 것이라면 오만함은 인생의 경험을 튕겨내는
고무방패이다."

미 심리학 교수 애덤 그랜트,《싱크 어게인》

결과에 책임질 수 없다면
승리도 장담할 수 없다

'오대영 감독'이라고 들어본 적 있는가? 바로 2002년 월드컵 4강 신화를 이끌었던 히딩크 감독의 별명이었다. 월드컵 개최 1년 전 우리나라 축구 국가대표팀이 프랑스와 체코 평가전에서 모두 5:0으로 연이어 패배하면서 이에 실망한 언론과 국민들이 5점 차로 진 히딩크 감독에게 붙여준 것이다. 당시 언론은 히딩크 감독이 기술적인 부분보다 체력에만 집중했기 때문이라며 책임을 져야 한다고 앞다투어 보도했다.

히딩크 감독은 평가전의 패배의 원인이 선수들의 능력이 아닌 본인에게 있음을 순순히 인정했다. 그러면서 본인이 지금 왜 평가전 승부보다 체력에 집중하는가를 수치화된 데이터로 제시했다. 그는 우리나라 축구 국가대표팀 선수들이 유럽 일류 선수들에 비해 기술이나 스피드는 크게 뒤떨어지지 않았다고 했다. 그러나 힘과 지구력 그리고 경기 중 의사소통 같은 수치는 절반에도 미치지 못했기 때문에 그 부분을 개선하고 있다며 당당하게 입장을 밝혔다. 결국 히딩크 감독은 2002년 월드컵 당시 한국 축구 국가대표팀과 국민들에게 승리의 기쁨을 안겨 주었다.

결과적으로 해피엔딩이었다. 그러나 히딩크 감독 입장에서는 승리라는 결과를 얻기 전까지 쏟아지는 비난을 감수하고 책임을 지며 뚝심 있게 추진해야 했다. 그는 '지금 내가 가고자 하는 방향이 맞는 것인가? 최종 목표를 이루기 위해 이러한 부분을 감내해야 하나?'를 스스로에게 되물으며 끝까지 냉정함을 유지했을 것이다.

난 히딩크 감독을 보면서 고등학교 3학년 때가 생각났다. 1학기 기말고사 수학 성적이 많이 낮아 전체적으로 성적이 떨어졌었다. 내가 많이 틀리는 문제들을 모아 오답노트를 만들고 유사한 문제를 풀면서 나의 단점을 보완할 수 있는 문제 위주로 풀어야 하는 것을 알았지만 마음이 급했다. 여름방학만 지나면 바로 3학년 2학기였기 때문이다. 고민 끝에 여름방학 기간 중 매일 모의고사 수학 한 회분을 풀기로 했다. 그리고 서점에 있었던 각종 모의고사 문제집과 예년 시험까지 40회차 문제를 풀었다. 그 덕분에 2학기 중간고사와 모의고사 때까지 높은 수학 점수를 받을 수 있었다. 그런데 막상 수학 능력시험을 볼 때 수학 문제는 예상했던 것과 다르게 나왔다. 모의고사보다 한 단계 높은 사고력을 요구하는 문제들이 많았다. 문제 풀이에 익숙했던 난 결국 낮은 수학 점수로 인해 수학능력시험 성적 결과를 받아보고 많이 실망했던 기억이 아직도 생생하다.

이에 비해 히딩크 감독은 월드컵이라는 수학능력시험을 보기 전 모의고사 성적에 연연하지 않았다. 모의고사 점수를 높게 받기 위해 문제 풀이에만 치중하기보다 수학 원리를 꼼꼼히 따져가며 기초를 튼튼히 했고, 그 결과 수학능력시험 당시 어렵게 나온 문제들도 풀어가며 높은 점수를 받을 수 있게 된 것이다.

《손자병법》에서도 리더가 조직의 장단점을 파악하고 추진하되 그 과정에서 책임질 일은 당당하게 해야 한다고 언급하고 있다.

무릇 지형은 용병에 있어 보조적인 도움을 주는 것이다.
적을 알아 승리할 방도를 계획하며 지형의 험하고 평탄함
과 지리의 멀고 가까움을

계량하는 것이 최고사령관이 해야 할 일이다.

이를 알고 전쟁을 수행하면 반드시 승리하고 이를 모르고 전쟁을 수행하면 반드시 패한다.

군주로부터 사령관으로 임명되어 전쟁을 수행함에 있어서는 개인적인 명예를 구하지 않으며,

전장에서 물러나와서 죄를 받는 것을 피하지 않고, 오로지 국민을 보호하고

군주에게 이익이 되는 것만을 생각하니, 이런 장수는 국가의 보배이다.

夫地形者 兵之助也

料敵制勝 計險阨遠近 上將祉道也

知此而用戰者 必勝 不知此而用戰者 必敗

故進不求名 退不避罪 唯民是保 而利合於主 國之寶也

어떤 조직의 리더가 되면 개인적인 명예를 구하는 데 급급해서는 안 되며, 리더인 만큼 조직의 잘못된 부분이 발생하면 그 책임을 아랫사람에게 미루기보다 감수하고, 항상 조직의 발전만을 위해 생각해야 함을 분명히 밝히고 있다. 리더는 그

러한 과정을 겪어야 승리에 다가갈 수 있는 것이다.

그러나 문제는 그러한 리더가 우리가 사는 사회에 많지 않다는 것이다. 여러분들이 이 글을 읽으며 머릿속에 떠오르는 상급자가 3명 이상 있는가? 아니, 1명은 있는가? 그만큼 보편적인 이야기처럼 들릴지 모를 이 내용들은 실제 우리 사회에 대입하려고 하면 막상 떠오르는 사람이 손에 꼽을 정도로 실천하기 어렵다. 오히려, 안타깝게도 여러분들 머릿속에는 개인의 명예만을 생각하고, 책임을 져야 하는 특정 상황에서는 책임을 미루는 상급자들이 스쳐 지나갈 수도 있다.

보고서 작성을 예로 들어보자.

"이 보고서 누가 작성한 거야?"

"네, 제가 작성했습니다."

"과장하고 같이 내 사무실로 올라와."

회사에서 부장이 사무실에 들어와서 이렇게 물어볼 때는 10번 중 9번은 부장의 의도와 다르게 작성했을 때이다. 부장은 내일 당장 전무에게 보고해야 하는데 답답한지 톤은 높아지고 목소리는 날카로워진다. 결국 부장은 다시 지침을 주었고 실무자는 밤새워서 작성 후 보고서를 제출해야만 했다. 그런데 부장의 지침은 최초 과장이 알려주었던 내용과 너무 달랐다. 과장이 부장의 지침을 제대로 이해하지 못하고 알려주었던 것이다. 이러한 모습은 회사뿐 아니라 군대 등 조직사회라면 어디서든 일어날 수 있다. 그렇다면 시간은 부족하고 보고서의 완성도가 낮은 당시 상황에서 누가 책임을 져야 할까? 각자의 입장에서 나름대로 최선을 다했기에 본인이 책임지는 것을 받아들이기 힘들 것이다. 나도 그렇다. 주어진 여건에서 할 일을 다했다고 생각한다면 누가 책임을 지고 싶겠는가?

누군가의 잘못이라고 따져 묻고 싶을 수도 있다. 그러나 우리 모두 같은 목표, 같은 성과를 내야 하는 회사의 구성원들이라 생각하고 이 상황을 각자의 책임으로 받아들여야 조직이 발전할 수 있다. 결국 이 문제는 구성원의 리더만 풀 수 있다. 위 상황에서 잘못 이해했던 과장이나 최초 지침을 주고 중간에 확인하지 않은 부장이 회사의 리더로서 좀 더 관심을 가졌어야 했다. 리더가 책임을 지지 않고 행동하지 않으면 결국 부하 직원들은 본인 책임이라고 말하면서도 억울해하고 불만이 쌓일 수밖에 없다. 리더가 책임을 먼저 지는 모습을 보이면 부하들은 리더에게 미안해서라도 같은 실수를 반복하지 않을 것이다.

결국 '책임을 진다'는 것은 현상에 대해 모든 잘못을 인정하고 능력 없는 사람임을 고백하라는 것이 아니다. 그보다는 나아가고자 하는 목표에 대한 현 상황의 문제점을 내가 명확하게 인식하고 있으며 보완할 부분을 찾겠다는 의지의 표현인 것이다. 《손자병법》에서 언급한 것처럼 책임을 회피하지 않고 받아들일 수 있을 때 나 그리고 내가 속한 조직이 이루고자 하는 것을 얻을 수 있을 것이다.

◆ ◆ ◆

"책임을 지고 일을 하는 사람은 회사, 공장, 기타 어느 사회에 있어서도 꼭 두각을 나타낸다.
책임 있는 일을 하도록 하자. 일의 대소를 불문하고 책임을 다하면 꼭 성공한다."
미국 작가, 데일 카네기

孫子兵法

멋있는 것과
멋있는 척은 다르다

　　우리가 누군가의 외모, 옷차림, 목소리 등이 매력적으로 느껴질 때 '멋있다'고 한다. TV에서 보는 연예인 또는 가수들은 각자의 매력을 가지고 드라마에서 연기를 하거나 노래를 부른다. 그런데 어떤 연예인은 비싼 명품 옷을 입은 것 같은데 잘 어울리지 않는 경우도 있다. 그럴 때 우스갯소리로 담당 코디가 해당 연예인의 안티 아니냐는 말도 한다. 또, 목소리를 일부러 낮게 깔아서 연기하는 배우들도 어색해 보일 때가 있다. 그런데, 일부 시청자들은 속으로 생각만 하는 것이 아니라 비아냥거리며 인터넷 댓글을 작성하기도 한다. 만약 그 내용을 당사자가 보게 되면 기분 나쁘고 서운할 것이다.

　　'나는 연예인도 아니고 자기 개성시대인데 굳이 다른 사람 시선을 의식할 필요 있나?'라고 생각할 수 있다. 그러나 우리도 다른 사람들과 같이 어울려 생활하면서 자신도 모르게 장소에 따라 다른 옷을 챙겨 입고 행동도 다르게 한다. 내가 아무리 멋진 잠옷을 가지고 있다고 해서 회사에 출근할 때도 입지는 않듯이 말이다. 단순한 옷이 아닌 주변 사람들과의 관계에 더 많은 영향을 끼칠 수 있는 대화, 행동의 경우는 더더욱 그렇다. 각자 자기가 속한 사회에서 일정 부분 이루고자 하는 바, 즉 회사에서의 승진 또는 더 많은 경제적 부 등을 위해서는 나의 외모 꾸미기나 행동은 타인과의 관계에서 용인될 수 있는 범위 내로 규정되는 경우가 많은 것이 현실이다.

타인과의 관계를 생각하다 보니 때로는 나 자신의 의지보다는 상대방이 나를 보는 시선 등을 더 의식하며 행동할 때가 많다. 즉, 그렇게 생각하지 않지만 그런 척 행동하는 것이다. 이는 타인에게 멋지고 쿨하게 보이고 싶은 마음 때문이라고 할 수 있다. 나 역시 장교로 임관한 후부터 그런 행동에서 자유롭지 못했던 것 같다.

장교로 임관하기 전 교육을 받을 때 항상 듣는 이야기는 '다부지고 당찬 소대장이 되어라'였다. 교육을 마치고 장교 임관식에서 소위 계급장을 정복에 달았을 때 스스로 그러한 소대장이 되겠다고 다짐했다. 그러나 현실에서는 설렘과 두려움이 공존했다. 교육 기관에서 많은 것을 배우고 체력을 강하게 키웠어도 낯선 장소에서 처음 보는 30여 명의 소대원들을 교육훈련시키고 면담을 하며 군 복무 간 어려움을 해소하기 위해 노력하는 것은 쉽지 않기 때문이다. 만약 회사의 신입사원이 되어 출근했는데 첫날부터 30명 넘는 부하 직원들이 있고 다양한 임무를 부여해야 한다면 막막할 수밖에 없을 것이다. 나 자신에 대한 케어도 힘든 상황에 다른 인원들을 이끄는 것은 어려울 수밖에 없기 때문이다.

실제로 부대에 전입을 가서 다부지고 당찬 기존의 다짐과 달리 내가 할 수 있는 행동은 경례 구호 크게 하고, 눈에 힘주고, 전투복을 다려 입는 것뿐이었다. 물론, 교육훈련도 하고 체력단련도 같이하며 소대원들과 생활을 했으나 소대원들의 리더가 되는 데는 시간이 필요했다. 교육훈련인 부대 인근 산들을 직접 가봐야 소대원들에게 훈련을 시킬 수 있었다. 또한, 소대원들과 면담을 할 때도 생활지도기록부에 적혀 있지 않은 각자의 고민들을 모르니 대화가 겉돌 수밖에 없어 시간이 걸렸다. 그 기간 동안 나의 행동은 무언가 맞지 않는 신발을 신고 있는 느낌이었다. 조금 불편했다. 소대원들과 함께 나아간다는 느낌보다는 그렇게 보여지기 위해 행동한다는 느낌도 들었다. 소대원들의 시선을 너무 의식했기 때문이다.

사실 그 당시 내가 부대에 빠르게 적응하는 데 도움을 준

인원은 다름 아닌 분대장들이었다. 그들은 자신들의 소대장을 대대에 있는 12명의 소대장들 중 가장 멋있게 만들어 주기 위해 노력했다. 내가 전입을 가서 간부교육실에 짐을 풀러 갔을 때 내 책상 위에는 탄띠, 수통, 군장들이 가지런히 놓여 있었다. 장구류 상태가 다 좋았다. 지금은 군장 품목들의 보급이 잘 이루어지고 있어 상태가 좋지 않은 것들은 반납 처리하고 보급받는 시스템이 잘 되어 있지만, 20년도 넘은 그 당시에는 전방 사단 대대급 부대까지 잘 이루어지지는 않았던 것이 사실이다. 그래서 대대 군수과에서 소대장들이 대대로 전입을 와서 신경 써주었다고 생각했었다.

그런데 한 달쯤 지나 타 중대에 있는 전입 동기 소대장과 함께 250고지에서 교육훈련을 같이하게 되었다. 그런데 그 동기는 많이 해진 상태의 장구류를 착용하고 있었다. 궁금해서 물어보니 처음부터 동일한 장구류였다고 했다. 그때 이후 대대 군수과에도 물어보고 중대 행정보급관에게도 확인해 보았지만 알 수 없었다. 그런데 분대장들 중 한 명이 내가 궁금해한다는 이야기를 듣고 찾아와서 장구류는 분대장들이 가지고 있는 군장류 중 제일 상태가 좋은 것들만 모아서 내 장구류와 교체한 것이라고 알려주었다.

나는 그 이야기를 듣고 분대장들이 신경 써준 것이 고마웠다. 그러나 소대장이 분대장들 장구류를 하고 다니는 것은 아닌 것 같아 한 달이나 지났지만 분대장들에게 장구류를 돌려주려고 했다. 그런데 분대장 3명이 간부연구실로 나를 찾아와 "소대장님이 다른 소대장님들보다 상태 좋은 장구류를 멋지게 착용하고 있어야 우리 소대가 더 폼나 보이지 않겠습니까?"라고 이야기하며 장구류를 돌려받지 않겠다고 했다. 그 이후에도 타 소대와 쌍방훈련을 할 때면 분대장들은 먼저 다가와 고지를 점령하기 위한 방법을 적극적으로 논의했고 그 덕분에 우리 소대는 쌍방훈련을 할 때마다 4번 중 3번은 승리를 할 수 있었다. 당시 대대 작전과장이 교육훈련 참관을 왔다가 그 모습을 보고 대대 전술훈련평가 때 적 지휘소 고지 침투 임무를 우리 소대에 부여했고 성공적으로 임무를 완수할 수 있었다.

분대장 3명 중 2명은 24살이었던 나와 동갑이었고, 1명은 나보다 2살 어렸다. 나와 동갑이었던 분대장 2명(이병○, 정봉○)은 복무 기간 동안 성실하게 생활해주어서 고마웠는데 전역할 때까지 나에게 감동을 주었다. A4용지를 3등분하여 정 병장은 편지를, 이 병장은 소나무 그림을 그려서 군 복무 기간 동안의 추억을 적은 뒤 전역하는 날 내게 주었다. 그 편지와 그림은 아직도 나의 군 생활을 모아둔 앨범집의 가장 완소템 중

하나이다.

아직도 기분 좋은 추억으로 남아있는 소대장 1년은 내 군 생활의 첫 시작이었다. 그리고 그 첫 단추를 분대장들 덕분에 잘 채울 수 있었다. 지나고 보니 나는 소대장으로서 소대원들 앞에서 다부지고 당당한 모습을 보여주며 멋지게 행동하고 싶었지만 멋진 척을 했었고, 분대장들은 멋있었다. 그들은 의무 복무를 하고 있음에도 불구하고 자신들이 멋지게 보여지는 것보다 최고로 멋진 소대를 만들기 위해 노력했기에 진정한 멋의 향기가 난 것이다.

그때 이후 나는 장교 또는 조직의 리더들은 멋진 척과 멋짐을 구분해야 한다는 것을 느꼈다. 내가 나 자신의 멋짐을 위해 노력하느냐 조직의 발전을 위해 노력하면서 진정 자연스러운 멋짐을 얻을 것이냐 하는 것이다. 조직의 발전은 리더가 단순히 계급이나 직위를 가지고 이끌어 가며 따라오지 못하는 이에게 벌을 주어서는 이루어지지 않는다. 그렇다고 리더가 항상 좋은 말만 하며 맺고 끊음 없이 업무를 추진하는 것 또한 바람직하지 않다. 이는 적절한 균형을 갖출 때만 가능하다.

사실 이러한 균형을 맞추는 것은 어렵다. 쉽지 않으니까 리더라는 자리를 부여하고 임무를 주는 것이 아니겠는가? '왕관을 쓰려는 자, 그 무게를 견뎌라'라는 말을 기억하자. 상대방과의 치열한 경쟁에서 승리하고 싶다면 무엇보다 내가 속한 조직이 단단해야 한다. 그리고 내가 그 조직의 리더라면 적절한 균형감각을 가지고 접근해야 한다. 혼자 멋진 척하지 말고 성과를 내며 조직원들 간의 호흡이 잘 맞는 멋진 조직을 갖출 수 있도록 노력해야 한다. 그 부분은 《손자병법》 행군편에도 잘 기술되어 있다.

병사들과 아직 친숙해지기도 전에 벌을 주면 따르지 않게 된다. 복종심이 없으면 지휘하기 어렵다.

병사들이 이미 친숙해졌는데도 벌이 시행되지 않으면 지휘할 수 없다.

그러므로 명령을 내릴 때는 합리적인 방법으로 하고 통제할 때는 강압적인 수단으로 하니 이렇게 하면 반드시 승리한다.

졸 미 친 부 이 벌 지   즉 불 복   불 복   즉 난 용 야
卒未親附而罰之 則不服 不服 則難用也
졸 이 친 부 이 벌 불 행   즉 불 가 용
卒已親附而罰不行 則不可用
고 령 지 이 문   제 지 이 무   시 위 필 취
故令之以文 齊之以武 是謂必取

리더가 실수하면
조직에 위험을 가져오는 6가지

올림픽에서 탁구 경기를 보면 항상 흥미진진하다. 2.7g밖에 안 되는 조그마한 탁구공으로 서브를 넣고 주고받을 때면 눈으로 따라가기 힘들 정도다. 그런데 경기를 보다 보면 기회가 올 때마다 강하게 드라이브나 스매싱으로 공격하는 선수가 있고, 그 공격을 차분히 막아내며 상대방의 실수를 유도하며 수비하는 선수가 있다. 공격하는 선수가 더 유리할 것 같지만 의외로 공격하다 몇 번 실수를 하고 나면 수비하는 선수에게 유리하게 흐름이 바뀔 때가 많다. 반대로, 수비하는 선수가 빠르지 않은 공도 실수로 못 받으면, 쉽게 무너지기도 한다. 우리가 살아가는 세상에서도 많은 것을 잘하기보다 기본적으로 해야 하는 것에서 실수를 해 이루지 못하는 경우가 많다. 결국 승패는 내가 얼마나 실수를 적게 하는가에서 결정난

다. 이렇게 실수를 하면서 겪게 되는 위험에 대해 《손자병법》
은 어떻게 기술하고 있을까?

무릇 이 여섯 가지는 하늘의 재앙이 아닌 장수의 과실에 기
인하는 것이다.

피아의 세력이 균등한데도 장군이 하나의 힘으로 적의 열
의 힘을 공격하는 군대를 '주병'

병사들이 드세고 초급 장교가 위축된 군대는 '이병'

장교가 위압적이고 사병이 위축된 군대는 '함병'

고급 장교가 자주 화를 내며 장군의 명령에 불복하고 적과
싸울 때 임의대로 행동하는 '붕병'

장수가 위약하고 엄하지 못하여 교육훈련에 규율이 없는
제멋대로인 군대를 '난병'

장수가 약한 군대로 강한 적을 공격하거나, 적을 상대할 때
최고의 부대(선봉)를 사용하지 않는 군대를 '배병'이라 한
다. 이 여섯 가지는 패배에 이르는 길이다.

凡此六者 非天地之災 將之過也

夫勢均 以一擊十 曰走 卒强吏弱 曰弛

吏強卒弱 曰陷 大吏怒而不服 遇敵懟而自戰
將不知其能 曰崩 將弱不嚴 教道不明
吏卒無常 陳兵縱橫 曰亂
將不能料敵 以少合衆 以弱擊强 兵無選鋒 曰北
凡此六者 敗之道也

《손자병법》내용들은 책의 명성과 달리 멋지고 화려한 내용만을 기술하고 있지 않다. 오히려 리더들이라면 한 번씩 저지를 수 있는 실수들을 구체적으로 꼭 짚어서 알려준다. 경쟁자와 실력이 비슷한데도 명예욕에 가득 차서 무리하게 승부를 거는 리더들도 있고, 무리하게 추진하다 보니 위압적이거나 자주 화를 내는 경우도 있다. 반대로, 업무를 할 때 책임을 회피하기 위해 제대로 결심을 내리지 않고 주저해서 구성원들 간의 신뢰가 약해지고 분열될 수 있다. 또한, 결정적인 순간에 전 구성원이 역량을 집중해야 하는데 리더가 개인을 더 빛낼 수 있는 업무에 치중하다 조직에 피해를 주는 경우도 있다.

세계적인 리더들 역시 이러한 문구들을 읽으며《손자병법》을 주저 없이 필독서로 꼽았을 것이다. 그들은 어떻게 하면 경쟁자와의 대결에서 승리할 것인가에 대한 내용을 참고할 뿐 아니라 리더인 본인이 실수해서 조직을 위태롭게 만들 수 있는 상황은 없는지 스스로 성찰하는 계기로 삼았던 것이다.

위와 같은 사례는 군뿐만 아니라 사회생활하면서도 얼마든지 발생한다. 'A'는 '가' 회사에서 10년간 기획팀 과장으로 일하던 중 '나' 회사의 경력직 채용공고를 보고 지원해서 기획팀 부장 직책으로 이직했다. 'A'는 새로운 회사에서 기획팀 부장으로 일하게 되어 기분 좋게 첫 출근을 했지만 팀원들이 환영하기보다 마지못해 인사하는 등 어색한 기류가 흐른다고 느꼈다.

사실 기획팀원들은 신임 부장 'A'에게 불만이다. 아니, 더 정확하게 이야기하면 팀의 과장 'B'와 'C'가 불만이 많다. 그들은 이번에 본인들 중 한 명이 부장으로 승진할 수 있을 거라 믿고 있었다. 3개월 동안 공석이었던 부장 자리의 적임자는 해당 팀의 전문성을 가지고 있는 본인들이라고 생각했기 때문이다. 그런데 갑자기 다른 회사를 다니던 'A'가 부장으로 온 것이다. 과장들은 신임 부장을 인정하기 싫었을 것이다. 그들은 '내가 여기서 근무한 경력이 몇 년인데?', '얼마나 능력 있는지 두고 보자' 등의 생각을 하며 후배 직원들까지 선동하며 신임 부장을 불편하게 한 것이다.

'A'는 당황스럽고 고민이 많겠지만 《손자병법》 구절에서 언급했던 실수들을 하면 안 된다. '부장'이라는 직책을 이용하여 무조건 따르라는 식의 위압적 자세는 팀 분위기를 위축시킬 것이다. 또한, 오랫동안 근무했던 'B'와 'C' 과장이 과 분위기를 주도한다고 해서 그들의 눈치를 보며 과원들에게 명확한 지시를 내리지도 못할 경우 업무가 제대로 진행되지 못한다. 분명 '나' 회사 CEO는 기획팀의 공석을 해당 팀의 'B'와 'C'가 아닌 다른 회사를 다니던 'A'를 부장으로 영입할 때 신선한 분위기로 시너지 효과를 낼 거라 기대했을 것이다. 결국 'A'는 CEO의 기대를 충족하기 위해서라도 극복해내야 한다. 업무뿐 아니라 'B'와 'C'의 불만을 잠재우고 기획팀을 하나로 이끌 수 있어야 한다.

그렇다면 'A'가 어떻게 이 위기를 헤쳐나갈 수 있을까?

여러 가지 방법이 있겠지만, 기획팀의 주요 프로젝트를 'B'와 'C'가 주도하도록 하는 방안을 제시하고자 한다. 'A 부장에 대해 대놓고 싫은 티를 내는 인원들에게 프로젝트를?', '그들이 하려고 할까?' 등 의아해할 수도 있다. 그러나 'B'와 'C'의 불만이 많은 것을 뒤집어 생각해보면 그들은 그만큼 승진하고자 하는 욕망이 큰데 좌절된 것이다. 그렇다면, 그들에게 기회를 주고 회사에서 인정받을 수 있는 여건을 조성해주면 된다. 기획팀 역시 성과를 내려면 핵심 전력, 즉《손자병법》에서 언급한 '선봉'인, 특별히 가려 뽑은 부대를 활용할 수 있어야 한다. 'B'와 'C'가 불만도 많지만 그만큼 그들은 기획팀에서 가장 믿을 만한 인원들, 즉 '선봉'인 것이다.

중국의 사서(史書) 중 하나인 송사(宋史)의 '의심하면 쓰지 말고, 일단 쓰면 의심하지 말라(疑人不用, 用人不疑)'를 실천해야 한다. 프로젝트를 그들에게 맡겼다면 주도적으로 할 수 있도록 여건을 조성해주고 기다릴 수 있어야 한다. 만약, 프로젝트 추진 간 외부에서 부정적인 이야기가 나올 때는 방패막이가 되어주고 해결책을 같이 모색해야 한다. 그 결과 프로젝트가 원하는 목표치를 달성했을 때는 'B'와 'C'에게 그 공을 전적으로 돌리면 된다. 만약 원하는 성과에 도달하지 못했을 때는 부장인 'A'가 전적으로 책임을 지면 된다. 그러면 'B'와 'C'는 다음번 기회 때 더 열심히 할 것이고, 그 과정을 지켜본 다른 팀원들도 부장이 임무를 주면 실패를 두려워하기보다 과정에 집중할 것이다.

리더는 하찮은 실수라도 저지르지 않기 위해 항상 주의하고 경계해야 한다. 작은 실수가 하나둘 쌓이게 되면 든든했던 조직에 균열이 가고 어느덧 나와 우리 조직을 위험에 빠뜨릴 수 있기 때문이다.

◆ ◆ ◆

"작은 모래알이 어떤 것인가를 아는가,

그것을 배에 쌓으면 배를 가라앉힌다."

아우구스티누스

孫子兵法

《손자병법》의 핵심은
내강외유

아카데미 작품상을 비롯해 각본상, 감독상 그리고 국제영
화상까지 총 4관왕을 수상했던 영화 〈기생충〉은 한국영화
100년 역사상 처음으로 이뤄낸 값진 성과라고 한다. 우리 사
회의 빈부격차와 양극화 현상을 풍자적으로 고발하는 블랙코
미디로 전 세계적인 공감대를 얻은 결과라 할 수 있다. 봉준
호 감독이 개봉 전 '〈기생충〉은 한국 사람만 100% 이해할 수
있는 영화'라고 언급했음에도 불구하고 해외에서 호평을 얻
은 것은 물론 뉴욕타임스에서는 미국 사회에 더 적합한 것 같
다고도 했다. 그렇다면 모든 관객들은 그 영화의 주제, 즉 핵
심을 '빈부격차'라는 사회적 문제라고만 볼까? 누군가는 '거
짓말의 나비효과'라고 보는 이도 있고, 또 다른 누군가는 '선
악의 문제'라고 보는 이도 있을 것이다. 각자의 생각이 다른

것이다. 즉 다양성이 존재한다. 결국 관객은 영화를 관람할 때 본인만의 가치관에 따라 취사선택하는 것이다.

《손자병법》 어느 구절에도 '내강외유(內剛外柔)'라는 글귀는 없다. 그러나 나는 《손자병법》의 핵심은 '내강외유'라고 생각한다. '속은 곧고 꿋꿋하나 겉으로는 부드럽고 순함'이라는 의미인 내강외유가, 무엇보다 나 스스로에게는 엄격하고 상대방에게는 유연할 수 있는 내공을 키우는 것이 최우선이라고 적혀 있는 《손자병법》과 그 의미와 맞닿아 있다고 생각했기 때문이다.

그러나 정답은 없다. 독자가 책을 읽고 나서 가장 마음에 와닿는 부분이 있다면 그것이 바로 핵심이라고 생각한다.

전옥표의 《이기는 습관》에서는 '이기는 습관을 가진 사람 중에서 자신에게 관대한 사람은 아무도 없다'고 했다. 이기기 위해서는 나와 상대방의 현 상태가 어떤지 객관적으로 비교할 수 있어야 한다. 나의 역량에 대해 관대하고, 상대방의 능력을 깎아내리는 시각을 가지고 있다면 올바른 비교를 할 수 없다. 결국 출발점이 잘못되었기에 싸워도 패배하는 도착점에 이를 수밖에 없는 것이다. 손자도 이 부분의 중요성을 맨 앞 1편인 시계(始計)에서 언급했다.

손자는 국가의 대사인 전쟁을 대비하고 실행하기 위해 다섯 가지 요소를 바탕으로 하여 적과 나를 면밀히 비교해야 한다고 했다. 첫째는 도(道), 즉 바른 정치, 둘째는 천(天), 즉 하늘의 변화, 셋째는 지(地), 즉 땅의 형상, 넷째는 장(將), 즉 장수의 자질, 다섯째는 법(法), 즉 법제이다.

'도'라는 것은 백성들로 하여금 윗사람(군주)과 뜻을 같이 하는 것으로, 그렇게 되면 백성들은 군주와 생사를 같이하며 위험을 두렵게 생각하지 않는다. '천'이라는 것은 음양, 더위와 추위, 계절의 변화 등을 말한다. '지'라는 것은 땅의 멀고 가까움, 험하고 평탄한 정도, 넓고 좁음, 위험함과 안전함 등을 말한다. '장'이라는 것은 지혜, 신의, 인애, 용감성, 엄격함 등 장수의 자질을 말한다. '법'이라는 것은 토지제도 및 동원체제, 행정 및 군사제도, 군수품과 재정 등 법과 제도를 말한다. 모름지기 이상 다섯 가지는 장수 된 자라면 들어보지 않았을 리 없지만 그것을 진정으로 헤아려 아는 사람은 승리하고, 그것을 진정으로 헤아려 알지 못하는 사람은 승리하지 못한다.

고 경 지 이 오 사 교 지 이 계 이 색 기 정
故經之以五(事), 校之以計, 而索基情

一曰道, 二曰天, 三曰地, 四曰將, 五曰法

道者, 令民與上同意也. (故)可與之死,

可與之生, 而不畏危

天者, 陰陽, 寒暑, 時制也. 地者, 遠近, 險易 廣狹 死生也

將者, 智, 信, 仁, 勇, 嚴也. 法者, 曲制, 官道, 主用也

凡此五者, 將莫不聞, 知之者勝, 不知者不勝

손자는 다섯 가지(도, 천, 지, 장, 법)를 언급하며 이것을 제대로 헤아려 아는 사람은 승리하고, 그렇지 못하면 승리하지 못한다고 했다. 나는 이 문장을 처음 접했을 때 내용이 어려웠고 다섯 가지 용어들이 추상적이어서 선뜻 와닿지 않았다. 그러나 이 부분을 깊이 고민하지 않고 그냥 지나친다면《손자병법》의 전체적인 흐름을 파악할 수 없게 된다.

여러분이 회사에서 6개월 뒤에 출시할 신제품의 T/F 팀장이라고 가정해보자. 주어진 임무를 완수하려면 T/F 팀장으로서 솔선수범을 보여야 팀원들과 한마음 한뜻이 되어 위기가오더라도 슬기롭게 헤쳐나갈 수 있다(道). 회사에서 T/F를 조직할 때는 전폭적인 지원을 약속했으나 불경기 등 악재로 인해 예산이 30% 가까이 줄어들 수도 있다. 또한, 신제품 기술

특허 출원이 예정보다 늦어질 수도 있으며 경쟁사의 신제품이 우리보다 1개월 앞서 출시될 수도 있다(天, 地). 다양한 변수가 발생하더라도 팀장은 중심을 잘 잡아야 한다. 팀원들이 불안해하지 않도록 명확한 비전을 제시할 수 있어야 하며, 팀원들과 스스럼없는 의사소통을 통해 상호 신뢰감을 두텁게 해야 한다. 또한, 애매하고 어렵고 복잡한 상황에서 선택의 순간이 왔을 때 신속하고 올바른 상황 판단을 해야 하며 잘못되더라도 책임질 수 있는 용기도 필요하다. 만약, 팀원들 중 뒷담화를 하거나 프로젝트를 추진하는 것에 대해 부정적인 입장을 내보이며 T/F 사기를 저하시키는 인원이 있다면 과감하게 배제하는 엄격함도 요구된다(將). 마지막으로 신제품을 출시한 이후 경쟁력을 가질 수 있도록 마케팅 팀과의 충분한 소통, 유통망 다변화 등을 신경써야 하며 혹시 불량품이 발생했을 경우 신속한 A/S를 할 수 있는 시스템을 구축해서 소비자들의 불만을 최소화해야 한다(法).

이 글을 읽고 난 뒤 '그렇구나'라고 생각하는 독자도 있지만, '다 알고 있고 들어본 내용인데?' 하는 분들도 계실 것이다. 이 단계에서 손자가 언급한 문장을 다시 떠올려 보자. 손자는 '모르는 사람은 없겠지만 제대로 헤아려 아는 사람은 승리하고, 그렇지 못한 사람은 승리하지 못한다'고 했다. 그런데 손자는 '제대로 헤아려 아는 사람'이 되기 위해서는 어떻게 해야 하는지 한 번 더 구체화해서 명확하게 알려주지 않았다. 마치, 많은 사람들이 인터넷상에서 무료로 공개되어 있는 소프트웨어인 '오픈 소스'는 쉽게 접할 수 있지만, 가장 중요한 소스는 비공개되어 있어 알 수 없는 것처럼 말이다. 어떻게 보면 세계의 리더들이 《손자병법》을 가까이하며 반복해서 읽는 것도 책에는 직접 쓰여 있지 않지만 행간에 있는 뜻을 이해하고 자기의 것으로 만들어 그것을 업무에 적용하기 위함이 아닐까? 그들은 읽고 또 읽으며 다양하게 생각하며 결국 자신들만의 핵심 비공개 소스를 개발한 것이다. 그들이야말로 '제대로 헤아려 아는 사람'이었던 것이다.

《손자병법》에 담겨 있는 많은 지혜를 내 것으로 받아들여 인생의 승리자가 되고 싶다면 '내강외유'가 핵심이다. 그러기 위해서는 스스로 생각하는 나 자신과 남이 바라보는 나를 비슷한 위치에 두어야 한다. 고대 로마 작가였던 푸블릴리우스 시루스는 "인간은 언제나 자기 자신에 대해서 생각하는 것과 남에 대해서 생각하는 것이 다르다. 인간은 남이 판단하는 것과는 다르게 자기 자신을 판단한다"며 이러한 차이를 언급했다. 이 차이를 누가 얼마만큼 극복하는가가 승리자가 되느냐 그렇지 않은가를 결정한다고 볼 수 있다. 그리고 본인에게 엄격하고 타인에게 관용, 여유를 부릴 수 있어야 한다. 이를 통해 상대방의 신뢰와 복종, 존경을 이끌어낼 수 있다. 그래야 '내강외유'를 바탕으로 결정적인 장소와 순간에 싸우지 않고도 승리를 거둘 수 있는 것이다. 《사피엔스》의 저자 유발 하라리가 언급한 말을 꼭 기억해야 한다.

◆ ◆ ◆

"공격적인 야수는 전쟁 지휘관으로서 최악일 때가 많다.
그보다는 유화정책을 쓸 줄 알고, 사람들을 조작할 줄 알고,
사물을 다른 각도에서 볼 줄 아는 협동적인 인물이 훨씬 낫다."

孫子兵法

병사들과 아직 친숙해지기도 전에 벌을 주면 따르지 않게 된다.
복종심이 없으면 지휘하기 어렵다.
병사들이 이미 친숙해졌는데도
벌이 시행되지 않으면 지휘할 수 없다.
그러므로 명령을 내릴 때는 합리적인 방법으로 하고
통제할 때는 강압적인 수단으로 하니
이렇게 하면 반드시 승리한다.

孫子兵法

2

패배자가 아닌 승리자가 되고 싶다면 《손자병법》이 답이다

어떻게 용병을 하면 해가 되는가를 철저하게 알지 못하면
어떻게 용병을 하면 이익이 되는가를 명백하게 알 수 없게 된다.

孫子兵法

끝날 때까지
끝난 게 아니다

2022년 카타르월드컵에서 황희찬 선수가 포르투갈과의 경기에서 후반 46분에 역전 결승골, 즉 '극장골'을 넣었다. 종료 시간이 거의 다 되어 승부를 뒤집는 극적인 골을 가리키는 의미인 '극장골'로 우리나라 국가대표팀은 16강전에 올라갈 수 있었다. 이 골은 우리나라 축구 팬들이 뽑은 올해의 골에 선정되기도 했다. 그러나 이 골을 넣었던 황희찬 선수는 부상으로 앞선 2경기를 뛰지 못했고, 포르투갈전도 후반에야 투입될 수 있었다. 대부분의 국민들은 부상으로 실전 감각이 떨어져 있었던 황희찬에 대한 기대치가 낮았다. 그러나 경기 종료 휘슬이 울렸을 때 그날의 주인공은 황희찬이었다.

'동트기 전 새벽이 가장 어둡다'는 말처럼 모든 것이 잘 풀리기 직전이 제일 답답하다. 만약 앞에서 이야기했던 포르투갈과의 경기 결과를 알고 녹화방송을 본다면 답답할까? 아니다. 오히려 결승골을 넣었던 그 시간대가 다가올수록 멋진 골을 기대하며 볼 것이다. 그러나 삶은 녹화방송이 아닌 생방송이다. 풀릴 듯 안 풀릴 때면 마음이 점점 답답해지다가 점차 내가 원하지 않는 방향으로 가고 있다는 생각이 나를 짓누르게 되고 삶을 회피하게 된다.

《손자병법》이 쓰인 시대의 전쟁에 참가한 병사 입장이라면 어떨까? 소중한 가족을 떠나 머나먼 타국에서 전쟁 중인 수많은 병사들은 싸워서 이기는 것도 중요하지만 그보다 죽지 않고 살아서 고향으로 돌아가고 싶어 할 것이다. 그런데 적과의 승부가 나지 않고 밀리는 듯한 느낌이 들면 점차 두려움에 사로잡혀 열심히 싸우려 하기보다 기회만 되면 도망가려 할 것이다. 실제로 일부는 도망치는 병사들도 있었을 것이다.《손자병법》에서는 이러한 병사들의 마음을 정확하게 꿰뚫고 있다. 그래서 리더는 싸울 수 있는 동기를 부여하기 위해 적에 대한 적개심을 불러일으키고 재물을 언급해야 한다고 했다.

적을 죽이는 것은 아측 병사들이 적에 대해

적개심을 갖기 때문이다.

적의 재물을 취하는 것은 아측의 병사가

그 물건을 상으로 받기 때문이다.

이로써 적에게 승리하되 나날이 강해지는 것이다.

故殺敵者 怒也. 取敵之利者 貨也

勝敵而益强

손자는 적과 싸우지 않고 이기는 것을 높은 수로 평가하고, 피를 흘리고 싸우는 것을 낮은 수로 여겼다. 그러나 적과 싸울 수밖에 없는 상황에서는 수단과 방법을 가리지 않고 싸워서 이겨야 한다. 특히, 병사들이 본인의 삶이 여기서 끝났다고 생각하며 자포자기하지 않도록 강한 동기를 부여한 뒤 싸워서 승리하도록 해야 한다고 강조한 것이다.

지금 여러분이 리더라면 상대에 대한 적개심과 돈만 이야기한다고 부하들의 마음을 하나로 모을 수 있을까? 적개심과 재물을 취하는 방법만 사용해야 하나? 쉽지 않겠지만 리더십을 발휘해보라고 이야기할 수밖에 없다. 결국 솔선수범하는 등 리더십이 바탕이 되어야 한다. 솔선수범 관련 내용은 영화 〈위 워 솔저스〉에서 주인공 '무어' 중령이 부하들과 그 가족들 앞에서 한 연설에 잘 나타나 있다.

"귀관들이 다 살아서 돌아온다는 보장은 못한다. 그러나 나는 전지전능한 하나님 앞에 그리고 여러분들 앞에 맹세한다. 전장에 들어갈 때 내가 제일 먼저 첫발을 들일 것이고, 그리고 가장 나중에 발을 뗄 것이다(First in, Last out). 그 발을 뗄 때는 순간에는 내 뒤에 살아서든 죽어서든 전장에 나와 부하들을 남겨 두지 않을 것을 약속한다."

솔선수범이라고 대단한 것을 하라는 것이 아니다. 내가 속한 팀이 하나로 단결하는 데 있어 균열이 될 수 있는 부분을 메꿔주는 역할을 하라는 것이다. 군대에서는 훈련 간 식사할 때 배식을 잘못해서 부대원들 중 일부가 식사를 못 하는 경우가 생길 수 있으니, 지휘관이 제일 마지막에 식사를 하는 것 등 사소하지만 지속할 수 있는 것부터 시작해보라고 권하고 싶다. 회사 생활할 때는 부서의 장이라면 부하 직원에 대한 안 좋은 소문을 듣고 맞장구치거나 다짜고짜 불러서 화부터 내서는 안 된다. 그런 소문이 들리면 우선 사실관계를 확인 후 만약 맞다면 불미스러운 일이 생기지 않도록 차단해주는 등의 노력을 해야 한다. 시간이 걸리고 티가 나지 않을 수 있지만 부대원들이 불편해하는 것을 해소하려는 노력이 필요하다.

　가장 주의해야 할 것은 지금 상황이 답답하고 일이 잘 안 풀린다고 해서 더 이상 나아지지 않는다며 자포자기하고 회피하는 것이다. 시어도어 루스벨트 전 미국 대통령도 "모든 결정의 순간에서 최선은 올바른 일을 하는 것이다. 차선은 잘못된 일을 하는 것이다. 최악은 아무 일도 하지 않는 것이다" 라고 했다. 지금 상황을 더 나은 것으로 개선하기 위해서는 무엇이라도 해야 한다. 그리고 잘못된 선택을 했다면 반성하고 다시 올바른 길로 나아가면 된다. 아직 내 삶은 끝나지 않았다. 종료 휘슬이 울릴 때까지 할 수 있는 것은 해봐야 한다.

　정해진 답은 없더라도 포기하지 않는다면 상황이 변할 수도 있고, 바뀌지 않더라도 힘든 그 과정에 적응해서 나아갈 수 있게 된다. 그러다 보면 그 과정 속에서 내가 원하는 것을 이루어낼 수도 있다. 설사, 이루지 못하더라도 좋은 경험을 쌓게 된다. 일종의 '무승부'라고 해야 하나? 우리는 이런 과정을 겪으면서 내공을 쌓을 수 있다. 《손자병법》은 이를 '승적이익강(勝敵而益强)'이라고 했다. 힘든 과정 속에서 승리를 쟁취해내면 지치기보다 점점 더 강해진다는 의미다. 마치, 축구 경기에서 후반 30분이 될 때까지 0대 1로 지고 있을 때는 몸과 마음이 지쳐 있지만, 우리 팀이 동점골을 넣고 나면 갑자기 힘이 생겨 더 열심히 뛰게 되고 역전골까지도 넣을 수 있게 되는 것처럼 말이다.

내공이 쌓여 '승적이익강'이 되는 것은 비단 사람에게만 해당되지 않는다. 나무들도 이 과정을 겪는다. 나무의 나이테를 본 적이 있는가? 나이테는 나무를 가로로 잘랐을 때 보이는 짙은 색의 동심원 모양의 띠다. 봄 또는 여름과 같이 따뜻한 기후 조건에서는 나무가 생장을 왕성하게 하여 나이테상에서 색이 연한 넓은 띠가 만들어지고, 겨울에는 봄과 여름에 비교해 추운 기온 조건 탓에 색이 진하고 폭이 좁은 띠를 만든다. 즉 여름의 무더위와 겨울의 추위를 견뎌내면서 생기는 아픔의 흔적이지만 그 내공으로 1년에 하나씩의 고리가 생기는 것이다. 이 나이테는 나무를 굳건하게 해서 강한 비바람에도 버틸 수 있게 해준다.

그러나 열대기후에서 자라는 나무들은 나이테가 없거나 희미하다. 계절 변화가 심하지 않기 때문에 나이테가 생기지 않는 것이다. 만약, 갑작스러운 기후 변화로 온도가 낮아져 추운 기온과 비바람이 불게 되면 그 나무들은 잘 견디어낼 수 있을까? 물론 모든 동식물들이 세월이 많이 지나면 환경에 적응한다고 하지만 그 과도기에 있는 수많은 나무들은 과거에 겪어 보지 못한 환경을 견디어내지 못하고 사라지게 될 것이다.

사람들도 나무와 똑같다고 생각한다. 원하는 대로 일이 잘 풀릴 때도 있고, 그렇지 못할 때도 있다. 때로는 답답한 상황 이 너무 오래되어 실패했다고 느낄 때도 있을 것이다. 그러나 그 과정을 꿋꿋하게 지켜내야 한다고 생각한다. 그 과정을 통 해서 오히려 내가 더 단단해지고 앞으로 나아갈 수 있는 소중 한 자산이 될 거라 확신한다.

◆ ◆ ◆

개었다가 비가 오고, 그 비 그치면 다시 갭니다.

사 청 사 우 우 환 청
乍晴乍雨 雨還晴

조선 전기 학장, 매월당 김시습

진짜 이번 생은
망했다고 생각하는가?

"많이 억울하신가 보다. 그렇게 꼭 주인 대접을 받아야 되겠어요? 그럼 다시 태어나세요."

2022년에 방송된 미니시리즈 '재벌집 막내아들' 드라마에 나온 대사 중 하나다. 드라마의 주된 내용은 재벌 비서였던 주인공이 의문의 죽임을 당한 뒤 그 재벌 집안의 막내 손자로 환생해 통쾌한 복수를 하며 그 회사의 주인이 되는 것이다. 힘들게 하루하루를 살고 있는 수많은 시청자들이 만화 같은 이 드라마에서 대리만족을 느꼈고, 그 결과 2022년에 방송된 미니시리즈 중 유일하게 20%의 시청률을 돌파했다.

'환생'해서 새로운 삶을 살아가는 것에 대해 많은 이가 대리만족을 느꼈다는 것은 뒤집어 말하면 드라마에서만 가능한 이야기일 뿐 현실에서는 불가능하다는 것이다. 대리만족을 느낀 대부분의 청년들은 오랫동안 코로나19 상황에 지칠 대로 지쳤다. 경제난으로 인한 청년 실업이 계속 증가하고 있어 번듯한 직장에 취직하기도 힘들다. 오죽하면 젊은이들이 '이생망', 즉 '이번 생은 망했어'라는 자조적인 의미의 신조어를 만들어 유행어처럼 쓰고 있겠는가? 이 신조어 말고도 '노오력(노력보다 더 큰 노력을 하라는 기성세대의 충고를 비꼬는 신조어)', '헬조선(지옥 같은 한국 사회)' 등의 용어도 사용하고 있을 정도이다.

아무리 괴테가 "더 나아지려고 노력하는 사람은 다 방황하는 것이다"라고 말했다 해도 지금의 삶은 아무리 노력해도 개선될 것 같지 않은 이들에게는 큰 위로가 되지 않는다.

나 역시 고등학교 3학년부터 3년 동안 여러 가지 힘든 상황들이 나를 짓누를 때는 '이생망' 같은 생각이 자주 들곤 했다. 고등학교 3학년에 올라가서 3월쯤 공무원인 아버지께서 보증을 섰던 지인 회사가 부도 처리가 되면서, 우리 가족은 고스란히 빚을 떠안게 되었다. 그리고 어머니는 이자라도 갚으시려고 밤늦게까지 일을 다니셔야만 했다. 1학기 중간고사 마지막 날 시험을 보러 가야 하는데 어머니께서 아침까지 들어오지 않으셨고 연락도 되지 않았다. '시험을 보러 가야 하나?' 고민하고 있는데 병원에서 전화가 걸려왔다. 어머니께서 교통사고를 당하셔서 입원 중이라고 했다. 연락이 되어서 다행이었지만 어머니는 4개월 동안 병원에서 치료를 받으셔야 했다. 어머니께서 병원에 입원해 계신 동안 학교 급식이 없던 시기라 집에서 매일 김치볶음밥을 도시락으로 싸갔던 기억이 아직도 생생하다. 10월경에는 집에 압류 딱지가 붙어 있는 것도 보았다. 그 당시 정확하게 기억이 나지 않아 어떻게 된 일인지 모르겠지만 며칠 붙어 있다가 다시 떼어갔다. 그 당시 심리적으로 정말 힘들었다. '왜 이런 일이 나에게만 일어나는가?'라는 생각에 많이 방황하며 고등학교 3학년 2학기를 보냈다.

11월이 되어 수학능력시험을 보았다. 갑작스럽게 다가온 가정 문제들과 나의 노력 부족으로 실망스러운 성적을 받고 말았다. 그렇다고 뭐라도 해야 하는 그 시기에 재수를 할 수도 없었다. 고민 끝에 공부해보고 싶은 '국제관계학과'가 있는 대학교에 지원하고 면접을 보고 나서 그 뒤로 무작정 아르바이트를 시작했다. 주간에는 입시학원에서 강의자료를 복사하는 등 일을 했고, 저녁에는 커피숍에서 일했다. 대학교 입학 후에는 고시원 총무를 했고, 기회가 되어 학생들 과외 및 학원에서 강사를 하며 돈을 벌기도 했다. 학교에서 성적 장학금도 받았지만 가정 형편은 더 기울어져 가고 있었다. 게다가 대학교 1학년 때는 IMF 사태가 터지면서 내 주위의 많은 친구들이 나와 비슷한 상황에 처해졌다. 생각해보면 1년 전부터 IMF 사태 징후가 있었고, 초창기 피해자 중 한 명이 우리 가족이었던 것이다. 그때는 나뿐 아니라 전반적인 사회 분위기가 '이번 생은 정말 망한 걸까?'였으며, 아무리 해도 끝이 보이지 않는 어두운 터널을 지나고 있는 느낌이 계속 들었다.

어떻게 용병을 하면 해가 되는가를 철저하게 알지 못하면 어떻게 용병을 하면 이익이 되는가를 명백하게 알 수 없게 된다.

고 부 진 지 용 병 지 해 자
故不盡知 用兵之害者
즉 불 능 진 지 용 병 지 리 야
則不能盡知用兵之利也

《손자병법》에서는 내가 어떤 행동을 하기 전에 무엇이 내게 위협이 되는가를 꼼꼼히 따져보라고 했다. 시간이 없다고 고민하지도 않고 급하게 행동하면 지금 당장의 조그마한 이익을 얻을 수 있을지 모르지만 결국 큰 것을 놓치게 될 수 있음을 경고한 것이다. 나는 그 당시 3년 동안 누구보다 치열하게 살았다고 자부하지만, 어떻게 하는 것이 내게 이익이 되는지 해가 되는지 모르고 그냥 열심히만 살았다. 그러면서, 때때로 정신적으로 힘들 때 어떻게 해야 할지 몰라 방황했었다.

물론 그 당시에는 《손자병법》을 접하지 않았었다. 그러나 군에 입대한 뒤 《손자병법》에서 이 구절을 읽을 때면 내가 했던 수많은 아르바이트들과 먹는 시간을 아끼기 위해 지하철 타고 가면서 자주 먹었던 호두과자가 떠오른다. 만약, 내가 그 당시에 바쁘게만 살아가는 데 올인하지 않고 '잠깐 하는 것을 멈추면 어땠을까? 지금 하고 있는 모든 선택과 행동들에 대해 차분하게 생각해 보았다면 어땠을까?'라는 생각이 가끔 든다. 물론, 나는 지금도 그 당시의 내 선택에 대해 후회하지는 않는다. 그러나 스스로 반성은 한다. 경제적으로 힘든 것을 빨리 벗어나기 위해 했던 학원 보조, 커피숍 아르바이트, 고시원 총무, 개인 과외, 학원 강사 등 다양한 아르바이트는 경제적으로 일정 부분 도움은 되었지만 공부와 병행하면서 했던 내 인생의 쉼표는 없었다. 결국 그 당시만큼 불안함과 예민함 그리고 공허함 등 심리 상태가 불안정했던 시기도 없었던 것 같다.

그래서 20년 이상 군 생활을 하는 동안 특히, 지휘관 견장을 달았던 시기에는 힘들고 복잡한 일들이 여러 가지로 쌓일 때 잠깐 멈추고 생각을 정리하곤 했다. A4용지 하나를 꺼내 지금 나를 힘들게 하는 것들을 두서없이 적었다. 그리고 내가 지금 당장 할 수 있는 것들과 할 수 없는 것들을 구분했다. 지금 할 수 있는 것은 언제 매듭지을 수 있는지 구체적인 일자를 표시하고, 할 수 없는 것은 왜 못 하는지 이유를 적고 언제 할 것인가 대략적인 시기를 적었다. 그리고 각각의 일을 추진할 때의 긍정적인 것과 부정적인 것들을 적어보면서 우선순위를 결정했다. 이렇게 하고 나면 신기하게도 복잡했던 머릿속이 정리가 된다. 막연하고 답답했던 마음이 차분해지면서 지금 내가 무엇을 해야 할지가 선명하게 그려졌다. 단, 오래 고민하면서 주저하지 않으려고 노력했다.

孫子兵法

용병에는 다소 미흡해 보여도 속전속결이라는 말을
들어보았으나
교묘히 진행하여 오래 끌라는 말을 들어보지 못했다.
무릇 전쟁을 오래 끌어 국가에 이로운 예는 없었다.

고 병 문 졸 속 미 도 교 지 구 야
故兵聞拙速 未睹巧之久也

《손자병법》에서도 결심하고 행동하기로 했으면 약간 미흡한 점이 있어도 과감하게 행동에 옮겨야 한다고 했다. 고민하고 결심하고 행동하는 일련의 과정이 나에게는 전투다. 이 전투에서 승리하기 위해서는 너무 오래 고민하면 안 된다. 고민하지 않고 무작정 행동에 옮기는 것도 문제지만, 고민만 하고 결정은 하지 못해 행동해야 할 시기를 놓치는 것은 전투에서 패배할 뿐이다.

조심스럽지만 여러분들의 인생은 아직 망하지 않았다고 이야기해주고 싶다. 치열하게 살고 있다면 그 자체로도 충분히 가치 있는 일이고 존중받을 만하다. 다만, 나처럼 세월이 지난 뒤 반성하지 않으려면 잠깐 하고 있는 많은 일들을 멈춘 뒤 한번 되돌아보는 시간을 가지는 것이 어떨지 권해보고 싶다. 하면 할수록 내게 손해가 되는 일은 없는지, 심리적으로 불안하게 만드는 요소가 없는지 살펴보고 그런 일들은 과감하게 줄여보자. 당장은 금전적으로 손해인 것 같지만 결국 멀리 보면 여러분에게 물리적으로, 그리고 심리적으로 큰 도움이 될 것이다. 여러분의 진짜 인생은 지금부터다. 우리 운명을

스스로 개척해 나가자. 그리고 괴테처럼 내 인생에 푸른 잎이
나고 꽃이 필 것을 믿어보자.

◆ ◆ ◆

"우리의 운명은 겨울철 과일나무와 같다.
그 나뭇가지에 다시 푸른 잎이 나고 꽃이 필 것 같지 않아도
우리는 그것을 꿈꾸고 그렇게 될 것을 잘 알고 있다."

독일 작가, 요한 볼프강 폰 괴테

孫子兵法

항상 지금 이 순간이
가장 힘들고 어렵다

"요즘 후임병들은 제가 이등병, 일병 때에 비하면 군 생활 정말 편하게 하는 것 같습니다. 저는 정말 힘들었습니다. 그때에 비하면 지금은 아무것도 아닙니다. 오히려 제가 후임병일 때는 상병, 병장들이 편했는데, 저 때부터 너무 힘들어졌습니다."

내가 소대장, 중대장, 대대장 지휘관 직책을 수행하며 상병 또는 병장들과 면담할 때 가끔 듣는 이야기였다. 만약, 내가 소대장 할 때의 이등병, 일병들이 군 복무를 편하게 하고 있었으면 내가 6년 후 중대장 그리고 18년이 지나 대대장을 할 때 우리 부대원들은 모두 편한 군 복무를 하고 있어야 한다. 그러나 현실은 다르다. 부모님과 친구 곁을 떠나 군대에 입대한 용사들은 군 생활에 적응하는 시기인 이등병과 일병 기간 동안 모든 것이 낯설고 힘들고 어려울 수밖에 없다.

그렇다고 상병과 병장의 이야기가 틀린 것인가? 그렇지 않다. 각자 바라보는 기준이 상대적으로 다르기 때문이다. 그들은 자신이 군 생활했던 기간 동안 보고 느낀 것이 기준이 된다. 본인들이 후임병 때 힘들어했던 총기 정비 잘하는 법, 생활관 구석 먼지 제거하는 노하우 등을 친절하게 알려준 덕분에 후임병들의 생활이 편리해졌다고 생각한다. 오히려 본인이 고참이 되고 난 후부터는 선임병들이 힘들어졌다고 생각한다. 결론은 '내가 지금 가장 힘들고 어렵다'이다.

오스트리아 출신의 유태계 정신과 의사이자 심리학자였던 빅터 프랭클은 2차 세계대전 동안 아우슈비츠 수용소 생활을 한 경험을 바탕으로 쓴 《죽음의 수용소에서》를 집필했는데, 개인별 느끼는 고통에 대해 알기 쉽게 설명했다.

"일정한 양의 기체를 빈 방에 들여보내면 그 방이 아무리 큰 방이라도 기체가 아주 고르게 방 전체를 채울 것이다. 이와 마찬가지로 인간의 고통도 그 고통이 크든 작든 상관없이 인간의 영혼과 의식을 완전하게 채운다. 따라서 고통의 '크기'는 완전히 상대적인 것이라고 말할 수 있다."

즉, 내 앞에 있는 사람이 갑작스러운 교통사고로 다리가 부러지거나 피를 흘리는 고통과 내 손톱 밑에 날카로운 가시가 박혀 아픈 것은 절대적인 수치로 비교할 수 없다는 것이다.

고통의 크기는 개인이 느끼는 상대적인 것이므로 똑같다는 것이다.

모든 사람이 자신이 처한 상황에서 가장 힘들고 어렵다고 생각한다면 지금의 나뿐 아니라 주변 사람들 모두 그렇게 생각한다는 의미다. 나의 경쟁자 역시 내가 모를 뿐이지 분명 고통을 겪고 있을 것이다. 이러한 인식을 가지고 중요한 승부처에서 만난 경쟁자와 승부를 하는 것과 그렇지 않은 것은 승패에도 영향을 끼칠 수 있다. 다만, 상황은 누구에게나 똑같이 주어질 뿐 내가 변화시킬 수 없는 것이다. 따라서, 현재 경쟁자가 어떠한 고통을 겪고 있는지 알고 그에 맞게 전략을 수립한다면 경쟁자보다 유리한 위치에 설 수 있다. 모두가 힘든 상황에서 내가 어떻게 행동하느냐 그리고 상대방이 어떠한 태도를 갖도록 만드느냐가 핵심이다. 《손자병법》에서도 이 부분에 대해서 명쾌하게 기술했다.

먼저 전장에 임하여 적을 기다리면 여유가 있고, 뒤늦게 전장에 임하여 적을 쫓는 입장에 서게 되면 피로하게 된다. 그러므로, 전쟁을 잘하는 사람은 적을 나의 의도대로 이끌되 적의 의도에 끌려가지 않는다. 적으로 하여금 내가 원하는 곳으로 스스로 오게 하는 것은 적에게 이로움이 있는 것처럼 내가 행동하는 것이고, 내가 원하지 않는 곳에 적이 오지 못하게 하는 것은 적으로 하여금 해로움이 있을 것이라고 생각하게끔 내가 행동하는 것이다. 이렇게 하여 적이 편안하면 피로하게 만들고, 적의 식량 사정이 좋으면 기아에 허덕이게 만들며, 적이 안정되어 있으면 움직이게 하는 것이다.

凡先處戰地而待敵者, 佚. 後處戰地而趨戰者, 勞.

故善戰者, 致人而不致於人 能使敵人自至者, 利之也.

能使敵人不得至者, 害之也. 故敵佚能勞之,

飽能饑之, 安能動之

《손자병법》은 주어진 상황에서 내가 어떤 행동을 선택하느냐에 따라 상대방을 흔들어 놓을 수 있음을 알려주고 있다. 상대방을 흔들어 놓을 때 가장 중요한 것은 경쟁자가 생각하는 것보다 빠른 템포, 즉 빨리 움직여 주도권을 잡는 것이다.

여러분이 'A' 광고회사 대표라고 해보자. 보건복지부에서 담배 공익광고를 내기 위해 입찰 공고를 내면서 10월 31일까지 광고 콘셉트에 맞는 초안을 제출하라고 했다. 지금까지 이 광고는 'B' 회사가 연속 3차례 선정될 정도로 인지도가 높다. 이와 달리 우리 회사는 다른 공익광고를 몇 번 촬영하기는 했지만 담배 관련 공익광고는 처음 입찰에 참여하는 것이다. 어떻게 하면 우리 회사가 담배 공익광고 입찰에 성공할 수 있을까? 이런 경우 단순히 '경쟁자 B 회사보다 더 좋은 초안을 만들어 내면 되지' 하고 접근해서는 안 된다. 물론, 좋은 초안을 만드는 것은 기본이다. 중요한 것은 어떻게 하면 입찰을 성공시킬 수 있는 가이다. 이때는 경쟁자 B 회사뿐 아니라 입찰 공고를 낸 보건복지부가 현재 어떤 상황인가를 알고 준비해야 한다.

경쟁자 B 회사 입장에서는 여러 번 촬영하면서 노하우가 쌓여있다는 장점이 있지만 뭔가 새롭게 접근해야 하고, 벌써 4번째 촬영이라 쉽지 않다. 게다가 그동안 여러 번 촬영했던 만큼 더 많은 촬영 비용을 요구하는 것은 무리가 아니라고 생각한다. 만약 정부에서 추진하는 것인 만큼 금액이 책정되어 있다면 그동안 불편했던 부분에 대해 개선해줄 것을 요구하려고 한다. 그렇다면 보건복지부 입장에서의 고충은 무엇일까? 몇 년 동안 늘어나던 금연 인구가 다시 줄어들고 있다. 최근에는 금연했던 사람들이 다시 담배를 피운다는 내용의 언론보도가 나오기도 했다. 보건복지부 입장에서는 4분기 예산으로 준비 중인 공익광고를 통해 다시 한번 금연율을 높이는 전환점을 마련해야만 한다.

이때 A 회사가 할 것은 결국 입찰 회사를 선택하는 보건복지부가 가장 관심을 가지고 있는 '금연율' 관련 내용을 공익광고에 스며들게 하는 것이다. 지금까지 잘해왔지만 최근 힘든 일로 여기서 무너질 수 없다는 등의 내용을 부각시키는 것이다. 또한, 연말까지 금연율을 높여야 하는 보건복지부 입장을 역이용해 촬영한 광고 초안을 빨리 제출하는 것이다. 공고 입찰 기한이 10월 31일까지라고 했지만 보건복지부 입장에서는 현재 국민들에게 홍보하고자 하는 콘셉트만 부합되면 빨리 촬영하고 싶을 것이다.

이에 비해 B 회사는 그동안의 노하우가 관습이 될 수 있다. 기존 콘셉트를 유지하자는 의견과 새롭게 접근하자는 의견이 충돌할 수도 있다. 또한, 이번에도 본인들이 입찰에 성공할 것이라고 안이하게 생각해 기한 내에 맞춰만 내면 된다고 생각할 수 있다.

보건복지부가 최종 입찰 업체를 선택하겠지만, A 회사는 공고를 낸 부처와 경쟁업체가 현재 처한 상황을 읽고 그들이 생각하는 템포보다 빠르게 움직임으로써 주도권을 잡을 수 있다. 이런 일은 업체 입찰뿐 아니라 회사 생활에서도 얼마든지 발생할 수 있다. 상사가 월요일 오전에 신제품 기획안을 작성해서 금요일에 초안을 보여달라고 했을 때 금요일 오전에 보고해서는 상관에게 주도권을 가져올 수 없다. 수요일 오후 쯤 서면으로 초안을 보고하고, 상사가 읽어본 뒤 목요일 오전 중에 의견을 주면 보완해서 금요일에 대면으로 보고하는 절차가 필요하다. 이런 보고 방식이 기본이라고 생각하는 사람들은 '당연하지'라고 생각하겠지만 처음 들었다면 한번 시도해보기 바란다.

　내가 현재 처한 상황이 힘들다고 고개를 숙이기보다 나뿐 아니라 내 주변 사람들 모두 힘들다는 것을 기억하자. 당장의 현실만 바라보지 말고 우리가 이루고자 하는 꿈을 생각하며 다시 앞으로 나아가자.

◆　◆　◆

"발끝을 내려다보지 말고 하늘의 별을 바라보십시오.
호기심을 가지십시오."
영국 과학자, 스티븐 호킹

자존심은 낮추고
자존감을 높이면 승패가 보인다

어린아이들은 세상 모든 것들을 궁금해한다. 가장 많이 하는 질문인 "하늘은 왜 파란 거야?"부터 "자동차는 왜 바퀴가 네 개야?" 등 눈앞에 보이는 모든 것을 엄마와 아빠에게 계속 물어보며 알려달라고 한다. 아이들은 질문할 때 부끄러워하지 않는다. 그리고 '이 질문을 하면 엄마 아빠가 나를 어리석다고 생각할까?' 하고 고민하지 않는다. 그냥 궁금한 것뿐이다. 사실 질문을 하는 아이들보다 답을 하는 엄마와 아빠가 잘 모르고 답변을 해주는 경우가 있다. 과학적으로 설명을 해야 하는 경우도 있기 때문이다. 모르는 질문은 인터넷으로 검색해보거나 지인에게 물어보면 된다. 그런데 일부 부모들은 바로 답변을 해주지 못하는 것에 대해 자존심이 허락하지 않는다. 그래서 대충 얼버무린 채 "왜 자꾸 쓸데없는 질문만 하느냐?", "궁금한 것 있으면 유치원 선생님께 물어봐라"라고 이야기한다. 그러면 아이는 그냥 궁금한 것을 물어봤을 뿐인데 부모의 자존심이 개입하면서 답변을 듣지 못하고 꾸중만 듣게 된다.

물론 어느 부모가 자식에게 자존심 내세우며 꾸중을 하고 싶겠나? 그들은 스스로 의식하지 않았음에도 불구하고 그런 상황이 오면 습관적으로 자기방어 행위로 그렇게 행동할 뿐이다.

자존심을 내세웠던 부모와 달리 아이가 물어본 것 중 모르는 것이 생기면 "와, 우리 이쁜 딸은 궁금한 것이 정말 많네. 이번에 물어본 질문은 깊이가 있어서 아빠가 잘 모르는 내용인 걸. 인터넷으로 검색해보고 알려줄게"라고 이야기해주는 부모들도 있다. 그들은 아이들 앞에서 자신들의 자존심을 지키기보다 아이들이 궁금해하는 것을 해결해주려고 하는 것이 더 우선순위에 있는 것이다.

영국의 수학자이자 철학자였던 버트런드 러셀은 '강한 자존감은 당신이 전쟁에서 포로가 됐을 때 당신을 비굴해지지 않도록 해줄 것이고, 당신이 세상에 맞서 싸울 때 당신의 행동에 대해 옳은 확신을 가져다줄 것이다'라며 자존감의 중요성에 대해서 언급했다. 상대방이 나를 어떻게 생각할 것인지에 얽매여 행동하는 자존심이 아닌 자존감은 힘든 상황에도 상황을 헤쳐나갈 수 있는 힘을 줄 수 있는 것이다.

우리는 누군가의 자녀이고, 때로는 누군가의 부모일 수도 있다. 또한, 사회 특정 조직의 구성원이기도 하다. 그런데 가장 소중한 자녀에게 나도 모르게 자존심을 세운다면 사회생활에서 더더욱 불리한 상황이 닥쳤을 때 자존심을 더 세우게 될 것이다. 나를 바라보는 시선을 더 의식하기 때문이다.

무릇 아직 전쟁을 치르기 전에 조정에서 행하는

전략 요소의 우열 비교에서 이기는 결과를 얻는 것은

승산이 많기 때문이며, 지는 결과를 얻는 것은

승산이 적기 때문이다.

夫, 未戰而廟算勝者 得算多也

未戰而廟算不勝者 得算少也

《손자병법》에서는 누군가와 경쟁을 하기 전에 싸우게 되면 유리할지 불리할지를 사전에 꼼꼼히 따지는 것의 중요성에 대해서 강조했다. '싸우기 전에 유리한지 또는 불리한지를 따져보는 것은 당연한 것 아닌가?' 하고 생각할 수 있다. 그러나 객관적으로 비교한 결과를 어떻게 해석하고 어떤 의미를 부여할 것인가는 순전히 나의 몫이다. 나 또는 상대방이 누가 봐도 크게 앞서 있다면 별문제가 되지 않는다. 그냥 서로를 인정하고 불필요한 경쟁은 하지 않을 것이다. 그런데 내가 원래 앞서 있었다고 생각했는데 어느 순간 내가 뒤처져 있다고 생각이 들면 어떻게 할 것인가? 자존심을 부리기보다 상대방의 능력을 인정하고 경쟁하는 것을 그만둔 뒤 다음을 기약할 것인가? 아니면 주변 사람들의 나에 대한 기대감도 있고, 나의 자존심도 허락하지 않는데 계속 밀고 나가서 승부를 보려고 할 것인가?

한 번의 결정으로 나와 내 조직에 큰 영향을 끼치는 것들은 《손자병법》에 나온 것처럼 따져보면서 예상 결과에 대해 자존심을 낮추고 접근할 필요가 있다. 다른 사람들의 시선을 의식하는 것에 너무 신경 쓰며 자존심을 계속 세우면 무리하게 된다. 반대로, 결정적인 순간에 결정하지 못하고 머뭇거릴 경우 호기를 놓치고 패배할 수도 있다. 그보다는 나의 부족한 부분은 인정하되 나 자신을 믿고 다음 기회를 준비한다면 분명 기회는 온다.

"투키디데스 전쟁에 뛰어들기 전에 먼저, 미처 예상치 못했던 일이 얼마나 엄청난 영향을 미칠 수 있는지부터 한번 생각해보십시오. 전쟁을 할 때 흔히 저지르는 실수가 바로 적절치 않은 시점에 먼저 행동부터 하고 나서 재앙이 일어나기를 기다리는 것입니다."

이 문구는 아테네 대사가 스파르타 의회에서 한 연설로 전쟁 이전에 싸움의 유불리를 판단할 때 호기를 놓친 전쟁이 얼마나 큰 재앙인가를 언급하고 있다.

그러나 실제 현실에서 이를 바로 적용하거나 알고 있다 하더라도 쉽게 고쳐지지 않는다. 아니, 어렵다. 다른 사람의 시선을 의식하기보다 스스로의 자존감을 높이면서 현실을 객관적으로 바라보고 행동하라고 하는 것이 말로는 쉽지만 행동하는 데 큰 용기가 필요하고 실제 마찰 요소가 많다.

카네기는 '친구를 얻게 되고, 이쪽의 생각으로 따라오게 하는 가장 확실한 방법은 상대의 의견을 충분히 받아들이고, 상대방의 자존심을 만족시켜주는 일이다'라고 했으나, 내가 상대방의 의견을 충분히 받아들일 만한 여유가 있거나 상대의 자존심이 만족되었는가를 아는 것도 너무 어려운 일이다.

나 역시 대대장 직책을 수행하면서 부대원들의 자존감을

생각하기보다 내 자존심을 챙기는 데 더 관심을 두지 않았나 반성을 자주 했다. 그리고 대대장 임무를 수행했던 2년 동안 나와 부대원들의 자존심보다는 자존감을 높이기 위해 여러 가지 노력을 했으나 어려웠던 것이 사실이다. 군 조직 내에서는 계급과 직책이 어느 정도 되면 대접을 받고 싶어 하고 자존심도 높아지는 게 통상적이다. 대대급 부대에서는 지휘관인 대대장뿐 아니라 중대장 직책을 수행하는 대위급, 행정보급관 직책을 수행하는 상·원사급 그리고 분대장 직책의 상·병장 정도 되면 부지불식간에 그렇게 해도 된다고 생각한다.

생각하는 대로 행동한다는 말이 있듯이 결국 이러한 행동들은 부대원들 각자의 자존감보다는 상위 계급의 자존심을 유지하게 만들기 때문에 부대를 경직되게 한다. 작가인 맥스웰 몰츠는 '낮은 자존감은 계속 브레이크를 밟으며 운전하는 것과 같다'고 했다. 일부 인원들의 자존심을 지키고자 대다수 부대원 또는 조직원들의 자존감이 낮아지는 것은 마치 브레이크를 밟으며 운전하는 것과 똑같기 때문에 개인적으로나 조직 역시 앞을 향해 제대로 나아갈 수 없게 된다.

상명하복이 명확한 군 조직 내에서 계급에 따라 대우를 받는 것은 자연스러운 것 아닌가 하고 생각하는 이들도 있을 것이다. 그러나 자연스러운 것과 올바른 것은 구분되어야 한다.

물 흐르듯이 자연스럽다는 것은 뒤집어 이야기하면 기존의 것을 그대로 답습한다는 의미이기도 하기 때문이다. 결국 자연스럽게 보이는 것을 유지하기 위해 개선이 필요할 때도 고집을 피우는 등 자존심을 굽히지 않는 경우가 발생하게 된다. 이런 상황은 융통성 있게 생각하고 행동이 필요한 조직에 부정적인 요소로 작용할 수 있다.

그러한 고민들은 이철희 작가의《1인자를 만든 참모들》내용에서 힌트를 얻어 추진할 수 있었다.

"내가 왕년에… 하는 생각은 제일 먼저 갖다버려야 한다. 어깨에 힘 빼고, 허파에 바람도 빼고, 눈부신 '왕년'의 영광도 해체하라. 가슴을 열고 새로운 출발선 앞에 선 지금, 지나간 영광에 젖어 있을 시간이 없다."

결국 계급이 높거나 직책이 높은 사람들이 어깨에 힘을 빼고, 가슴을 열고 다가가야 한다. 대대장 임무를 수행하면서 이러한 부분을 추진하고자 부대원들과 함께 '계급과 직책에 얽매이지 않는 존중과 배려'를 실천하기로 했다. 계급 특성상 임무를 수행할 때는 상하관계이지만 일과 외 생활을 할 때에는 서로를 수평적인 관계에서 바라보고 존중과 배려를 실천한다면 계급이 낮은 인원이라도 조직 내에서 자존감을 높일 수 있는 계기가 될 것이라고 생각했다. 군 조직 특성에 맞지 않는다고 반대 의견을 내는 간부도 있었고, 병장들 일부가 '이건 아닌 것 같습니다'라며 마음의 편지를 보내오기도 했다. 그러나 긍정적인 요소가 부정적인 요소보다 더 많고 내 개인적 이익을 취하는 것이 아니라고 생각했기에 지속 추진해 나갔고, 의사소통을 좀 더 원활하게 하는 효과가 있었다고 믿었다.

타인의 시선을 의식하는 자존심을 높이는 것은 순간의 자기만족일 수 있다. 그보다는 자존감을 높이기 위해 노력하는 것이 궁극적으로 내가 이루고자 하는 것에 더 가까이 다가갈 수 있다.

◆ ◆ ◆

"자존심은 어리석은 자의 소유물이다."

그리스 역사가, 헤로도토스

孫子兵法

싸우는 장소, 방법은
내가 결정한다

흔히 운동경기에서 '홈 어드밴티지(home advantage)'라는 말이 있다. 홈팀이 원정팀보다 유리한 조건에서 경기를 하기 때문에 더 좋은 성적을 거둔다는 의미다. 홈에서 경기를 하게 되면 항상 운동했던 익숙한 장소에서 경기를 할 수도 있고, 별도로 먼 거리를 이동할 필요도 없다. 무엇보다 홈 팬들의 절대적인 응원 등이 한몫하기 때문에 그런 말이 나온 것 같다. 물론 실력이 있어야 하지만 실제 우리나라는 1986년 아시안게임에서 중국에 이어 2등을 했었고, 2002년 월드컵에서는 4강까지 진출하기도 했다. 이러한 홈 어드밴티지의 이점 때문에 스포츠 경기는 항상 같은 장소에서 하지 않고 대륙별로 돌아가면서 개최하거나 프로 야구와 축구 그리고 배구 등의 경기도 홈과 원정을 번갈아 가면서 한다.

물론 이 책을 읽는 독자들 중에 운동선수들도 있을 수 있지만, 우리 대부분은 운동선수가 아니다. 따라서 누군가와 경쟁할 때 홈과 원정을 번갈아 가며 승부를 가리지 않는다. 상황에 따라 홈 어드밴티지를 누리듯 편안한 상태에서 승부를 겨룰 수도 있지만 그 반대의 경우도 있다. 그에 따라 주도권을 가지고 올 수도 있고 뺏길 수도 있다. 만약, 경쟁자가 나보다 유리한 상황에서 주도권을 쥐고 있다는 생각이 들면 시작하기도 전에 패한 기분이 든다. 그러면 나는 벌써 기싸움에서 상대에게 밀린 것이다.

　몽고메리 장군은 "전투라는 것은 사실상 당신의 의지와 적장의 의지라는 두 가지 의지 사이의 전투다. 아직 승패가 정해지지 않았음에도 불구하고 스스로 의기소침해진다면 상대가 승리할 가능성이 더 많아진다"라고 했다. 즉, 자신감을 잃지 않고 내 의지가 더 강하다는 것을 적에게 인식시킬 필요가 있는 것이다.

　주도권을 가지고 내 의지를 보여주려면 주어진 상황을 어떻게 바라보고 접근할 것인가가 중요하다. 똑같은 상황에서 어떻게 행동할 것인가에 따라 결과가 달라질 수 있기 때문이다. 《손자병법》은 적과 싸우는 장소를 선정할 때 어느 장소에서 어떻게 해야 하는지 구체적으로 설명해줌으로써 '주도권'

을 가지고 승부에 임하도록 했다.

무릇 군이 기동하여 적과 대치할 때, 산악을 횡단하여 계곡을 의지해 진영을 편성하는 경우 유리한 곳을 살펴서 가능하면 높은 곳에 머무른다. 고지를 장악한 적을 상대해야 할 때는 산을 거슬러 올라가며 싸워서는 안 된다. 이것이 산악 지역에서 작전을 수행할 때의 군의 운용방법이다. 하천을 도하한 후에는 반드시 물에서 멀어져야 한다. 적이 도하해 올 때는 물속에서 적을 맞아서는 안 되고 적이 강을 반쯤 건넜을 때 이를 공격하면 이롭다. 적을 맞아 전투를 수행하고자 할 때는 하천에 근접하여 적을 맞지 말고 높은 지역의 이점을 살펴 상류 쪽을 향하면서 적을 상대해서는 안 된다. 이것이 하천 지역에서 작전을 수행할 때의 군의 운용방법이다.

凡處軍相敵 絶山依谷 視生處高 戰隆無登 此處山之軍也

絶水必遠水 客絶水而來 勿迎之於水內 令半濟而擊之 利

欲戰者 無附於水而迎客 視生處高 無迎水流

此處水上之軍也

산악에서는 되도록 높은 곳에서 적을 상대해야 하며, 높은 곳을 장악한 적을 상대하는 것은 되도록 회피해야 한다고 했다. 또한, 적들이 하천을 도하해 올 때는 바로 공격하지 말고 중간쯤 지났을 때 공격하라고 했다. 즉, 눈앞에 적이 보인다고 바로 공격하는 것이 능사가 아니라는 것을 강조했다. 지형적으로 위에서 내려다보는 위치에서 공격해야 적의 움직임을 볼 수 있다. 반대로, 적이 고지에 있다면 되도록 회피함으로써 불필요한 피해를 막을 수 있고 다음을 기약할 수 있다. 하천을 건너는 적들이 보이자마자 성급하게 공격하면 도하를 시작하던 일부 적들에게는 피해를 줄 수 있지만, 도하를 하려고 기다리던 다수의 적은 도망가기 때문에 우리가 주도권을 가져올 수 있는 기회를 놓치게 된다.

우리가 누군가와 경쟁을 할 때도 마찬가지다. 제대로 한 판 붙기 전에 내가 고지에 있을 수 있고 반대로 경쟁자가 고지에 있을 수도 있다. 또한, 경쟁자가 도하를 할 수도 있고, 내가 도하를 할 수도 있다. 이때 중요한 것은 성급하게 싸우려고 덤벼들어서는 안 된다는 것이다. 현재 내 위치와 적 위치가 어디인가를 살펴보고 나서 어떻게 행동할 것인가를 결정해야 한다. 내가 지금 주도권을 가지고 있다면, 즉 고지에 있거나 하천을 도하해서 건너오는 경쟁자를 바라보고 있는 경우에는 공격을 하되 시기를 잘 결정해야 큰 효과를 가져올 수 있다. 만약 내가 낮은 지역에서 고지를 바라보고 있다거나 하천을 도하해야 할 상황이라면 지금 당장 행동을 꼭 해야 하는가를 고민한 후 결정해야 한다. 지금 당장 할 것이 아니라 상황이 변하기를 기다리는 것이 더 현명할 수 있다. 적들이 다 내려 다보고 있는데 무리하게 고지를 향해 올라가거나 뻔히 보이는 강에서 도하를 무리하게 할 경우 나의 작전이 그대로 노출되기 때문에 결국 큰 피해를 입고 패할 수밖에 없다. 비가 오거나 안개가 끼는 등 기상 변화 등으로 고지에서 저지가 잘 안 보일 수도 있고 도하하는 우리 병력들이 안 보일 수 있다. 이때는 승부를 띄워야 한다. 이렇게 하면 불리한 상황을 극복하고 유리한 내 상황으로 끌고 와서 주도권을 잡을 수 있다.

실제로 우리는 누군가와 경쟁할 때마다 상황이 똑같은 적은 단 한 번도 없었다. 항상 변했다. 시간이 여유롭다가 촉박해질 수도 있고, 꼭 필요한 예산 지원이 갑자기 축소되거나 중단될 수도 있다. 또한 협력업체들과의 관계가 악화될 수도 있고, 주문했던 부품들의 출고가 지연되어 전체 일정에 영향을 미칠 수도 있다. 이러한 상황들이 변할 때 2가지로 구분해서 접근해볼 것을 권하고 싶다.

첫 번째는 경쟁자와 나 모두에게 동일하게 영향을 미치는 경우이다. 즉 금리 인상이나 유류값 인상 등이다. 이런 경우는 지금 추진하고 있는 것을 그대로 유지하는 것이 더 바람직하다. 내가 힘들면 경쟁자도 힘들다. 같은 상황이라면 부화뇌동할 필요가 없다. 오히려 힘들다고 허둥지둥대면 좋은 흐름이 경쟁자에게 넘어갈 수 있다.

두 번째는 예산 지원 축소 또는 중단, 협력업체와의 관계, 부품 출고 등이 경쟁자와 나 둘 중 하나에게 영향을 주는 경우다. 내게 불리한 상황이 더 많다면 빨리 결정해야 한다. 현 경쟁을 포기하고 다음 기회를 기약할 것인지 버틸 것인지를 고민해야 한다. 지금의 포기가 궁극적으로 패배를 의미하지 않기에 성급하게 적을 공격할 필요가 없는 것이다. 불안한 마음에 서둘러 승부를 보려고 하면 패배할 수밖에 없다. 성급하게 고지를 향해 공격하는 것과 같다. 버티려고 결정했다면 나의 약점을 최대한 상대방에게 노출시키지 않은 상태에서 상황이 내게 유리해지도록 기다려야 한다. 설사 적이 공격한다고 하더라도 피해를 최소화하면서 현 상황을 유지할 수 있도록 내실있게 준비해야 한다.

나에게 유리한 상황이라면 경쟁자를 불안하게 해서 빠른 시간 내에 나를 공격하도록 하는 것이 중요하다. 즉 우리가 고지에서 저지로 공격할 것처럼 상황을 조성하거나 적들이 하천을 도하할 것을 망설이고 있다면 또 다른 우리 부대가 그들 뒤에서 공격할 것처럼 상황을 조성하는 것이다. 선진 기술을 보유하고 있는 기업과의 MOU 체결이나 그동안 발표하지 않고 기회를 보고 있었던 핵심 기술 발표 등이다. 경쟁자는 불안한 마음에 성급하게 움직일 것이고 그러다 보면 약점을 노출하게 될 수밖에 없다.

즉, 우리는 다양한 상황 변화 속에서 유리함과 불리함을 판단한 뒤에 싸우고자 하는 장소와 방법을 결정함으로써 승리할 수 있는 확률을 높이는 것이다. 그와 반대로 경쟁자가 원하는 방식으로 싸움에 임하게 되면 질 수밖에 없다.

◆　◆　◆

"남이 시키는 대로 따라 하는 삶을 살지 마라."

영화 〈마다가스카의 펭귄〉

기본에 충실하면
반드시 유리한 상황은 온다

축구선수 손흥민의 아버지인 손웅정 씨는《모든 것은 기본에서 시작한다》라는 책을 출간했다. 그는 책에서 본인 역시 축구선수였으나 기본기와 기술이 부족했고 부상까지 당해 빨리 은퇴할 수밖에 없었다고 밝혔다. 그래서 손흥민에게 축구를 가르칠 때는 다른 것보다 볼을 다루는 기본기 훈련에만 집중했다고 했다. 기본이 갖춰진 후에 슈팅 등 기술적인 것을 배워도 늦지 않다고 생각했기 때문이다. 그 결과 손흥민은 독일과 영국 리그에서 모두 성공하고 세계적인 선수가 될 수 있었다.

물론 기본에 충실한다고 모든 프로 축구선수들이 손흥민 선수처럼 될 수는 없다. 타고난 재능과 성실한 노력이 시너지 효과를 냈기 때문에 가능하다. 중요한 것은 미래에 어떠한 상황이 나에게 올지 모르기 때문에 그 상황에 맞게 대응을 잘하려면 기본에 충실해야 한다는 것이다.

'기본은 해야지'라는 말을 할 때 '기본'에 대한 정확한 기준은 없다. 음악가라면 악기를 잘 다룰 수 있어야 하고, 프로그래머라면 프로그래밍을 잘 다룰 수 있어야 한다. 장교라면 사격도 잘하고 체력도 좋아야 하며 리더십 등도 갖추고 있어야 한다. 사실 군인, 특히 장교가 '기본'은 해야 한다고 할 때 그 기준이 조금 애매하다. 음악가는 악기를 연주하면 되고, 프로그래머는 '어플리케이션'을 만들면 된다. 그런데 장교는 사격과 체력의 경우 실력에 따라 정량화할 수 있으니까 노력하면 되는데 리더십은 계량화해서 표현하기가 어렵다. 그렇다고 학위를 취득한다고 리더십을 갖추고 있다고 할 수 있을까?

내가 생각하는 장교, 특히 지휘관으로서 기본적으로 갖춰야 할 리더십은 의무 복무하는 용사들이 전입을 왔을 때처럼 전역할 때도 건강하게 가족의 품으로 돌아갈 수 있도록 하는 것이라고 생각한다. 지휘관은 그 기본을 바탕으로 사격, 체력, 전술 등 훈련을 통해 부대의 전투력을 향상시켜야 한다.

장수가 병사들을 대함에 있어

어린아이를 돌보는 것과 같이 하니

그들은 장수와 함께 깊은 계곡과 같은

위험한 곳까지 쫓아가며

병사들을 대함에 있어 사랑스런 아들을 대하듯 하니

그들은 장수와 죽음을 함께한다.

병사들을 대함에 있어 지나치게 후하기만 하면

쓸 수 없게 되고,

지나치게 자애롭기만 하면 명령을 내릴 수 없게 된다.

이리하여 위계질서가 무너져 통제할 수 없게 되면

이런 병사들은 교만 방자한 자식에 비유할 수 있으니

전쟁에서 제 임무를 수행할 수 없게 된다.

視卒如嬰兒 故可與之赴深谿 視卒如愛子 故可與之俱死

厚而不能使 愛而不能令 亂而不能治 譬如驕子 不可用也

《손자병법》에서도 용사들을 대할 때 사랑하는 자식을 대하듯 하라고 했다. 계급이 높다고 함부로 하게 되는 순간 '기본'

도 못하는 장교가 될 수 있다는 것을 항상 명심해야 한다. 물론 너무 후하기만 하면 명령을 제대로 내릴 수 없음을 경고하기도 했다. 적절한 기준을 세워서 그것을 유지하기 위해 노력해야 함을 강조한 것이다.

이철희 작가도 《1인자를 만든 참모들》에서 '안 되는 조직일수록 리더의 인심이 후하다. 어느 조직이건 목표가 주어지면 달성하기 위해 노력해야 한다. 그러나 직원들에게 잘 보이려고 불합리한 것도 지적하지 않는다. 강한 조직은 목표를 실현 가능한 것보다 조금 높게, 평가는 냉혹하게 그리고 보상은 철저하게 한다'고 했다.

나는 소대장, 중대장 그리고 대대장 등 지휘관을 할 때마다 책상에 붙여놓는 문구가 있다.

'훌륭한 지휘관은 결코 부하에게 친한 척 다가가거나 인기를 얻으려는 행동 따위를 해서는 안 된다. 해야 할 일을 시킬 줄 아는 엄격한 지휘관이 훌륭한 지휘관이다.'

이 문구는 피터 드러커가 언급한 것으로 내가 '상사'를 '지휘관'으로만 바꿔서 사용한 것이다. 나는 부하들의 생명을 우선시하는 것과 부대의 전투력을 향상시키기 위해 해야 할 일은 명확하게 시킬 수 있어야 하는 것, 이 2가지를 기본이라고 생각했다.

즉, 지휘관 직책을 수행하는 동안 부대원의 생명이 안전하게 보장되고 전투력을 발휘할 수 있도록 시스템을 구축하는 것이 나의 임무라고 생각하고 추진했다. 물론 부대원들 중 일부 간부와 용사들은 기존과 다른 시스템을 구축하는 것을 싫어하며 반대했다. 지휘관으로 와서 많은 것을 바꾸려 하고 힘들게 한다고 생각했다. 그러나 나는 국민들의 세금으로 봉급을 받는 장교다. 시스템을 구축하면서 발생하는 마찰 요소를 극복하는 것 또한 나의 몫이라고 여겼다. 지휘관 생활을 되돌아보면 항상 짧게는 3개월 길게는 6개월 정도 마찰이 있었다.

언제나 그렇듯 상황은 변한다. 반대했던 간부들 중 내가 추진하는 방향에 대해 긍정적으로 느끼고 적극적으로 따라와 주기 시작했다. 또, 의무 복무 기간 특성상 상병, 병장들이 전역을 하고 새로 전입 온 용사들은 처음부터 내가 생각하는 기본을 실천하는 데 어려움이 없었다. 물론 간부들 중 끝까지 불편해하는 이도 있었다. 그러나 그들 모두를 설득할 수는 없었다. 지휘관은 해야 할 일을 명확하게 주고 확인을 해야지 모두를 설득시키고 동의를 구하는 데 집중할 수는 없기 때문이다. 내가 생각하는 기본을 명확하게 알려주고 추진해 나가면 분명 내가 원하는 방향으로 나아갈 수 있었다.

물론, 그렇게 할 수 있었던 것은 소대장 때는 분대장들, 중대장 때는 소대장들 그리고 대대장 때는 중대장들 덕분이라고 꼭 밝혀두고 싶다. 부사관들과 용사들도 고마웠지만 분대장들, 소대장들 그리고 중대장들은 항상 내가 나아가고자 하는 기본 방향을 믿고 따라와 주었다. 맹목적으로 따라오기보다 내가 순간순간 잘못된 방향으로 생각하거나 결정하려고 할 때 내게 와서 잘못된 부분을 짚어주고 알려주었다. 그들이 없었다면 아직까지 군 생활을 하고 있지 못할 수도 있다. 다시 한번 이 지면을 빌려 고맙다고 밝히고 싶다.

여러분들도 조직의 구성원으로서 그 조직에서 이루고자 하는 목표가 있을 것이다. 임원이 될 때까지 회사 생활을 하고 싶을 수도 있고, 몇 년 지나서 더 큰 대기업으로 옮기고 싶어 할 수도 있다. 그렇다면 지금 그 목표를 향해 나아가기 위해 어떤 기본기를 갖추려고 노력하고 있는가? 회사에 입사한 지 얼마 안 되었다면 그런 것은 아직 생각도 못해봤을 수 있다. 그러나 그럴 때일수록 생활하면서 나 스스로 의미를 찾고 조직에 쓸모있는 사람이 되기 위해서는 어떤 기본기를 익혀야 할 것인가를 고민하는 것이 필요하다.

중국 속담에 '산을 옮기는 사람은 작은 돌멩이부터 옮긴다' 라고 했다. 상황이 언제 어떻게 변할지 모른다. 나를 힘들게 했던 부장이나 상무가 갑자기 타 계열사로 떠나고 나의 능력을 인정해주는 상사가 올 수도 있다. 또, 회사에서 미래 먹거리를 위해 T/F를 만들 때 그동안 갈고닦았던 기본기를 뽐낼 수 있는 기회가 찾아올 수도 있다. 급한 마음에 기본기도 갖추어지지 않은 상태에서 상사와의 술자리에 한 번이라도 더 참석하는 것이 회사 인간관계를 넓히는 데 최고라고 생각하는 등 기본과는 거리가 먼 행동들은 부메랑이 되어 내 가슴에 꽂힐 수 있다. 그날 밤에 같이 술 마셨던 상사도 중요한 프로젝트를 추진할 때는 술자리에 참석했던 부하 직원이 아닌 업무 능력을 기본적으로 갖추고 있어 자신을 빛나게 해줄 수 있는 직원을 찾을 것이기 때문이다.

◆ ◆ ◆

"빨리 가는 유일한 방법은 제대로 가는 것이다."

미 컨설팅 대표, 로버트 C.마틴

孫子兵法

상황이 변하면
전략도 바뀌어야 한다

스마트폰이 대중화되던 2009년에 미국 시장의 점유율을 50% 가까이 차지했던 '블랙베리'라는 브랜드가 있었다. 키보드 모양이 검은나무딸기와 비슷하다고 해서 블랙베리라고 불렸다. 이 스마트폰은 버락 오바마 전 미국 대통령뿐 아니라 빌 게이츠, 패리스 힐튼 그리고 오프라 윈프리 등 유명 인사들이 사용할 정도로 인기가 많았다. 그러나 블랙베리의 시장 점유율은 5년 후인 2014년에 1% 미만으로 추락했다.

몇 년 새 많은 사람들로부터 갑자기 외면받았던 이유는 무엇일까? 당시 블랙베리 회사는 보안성이 우수한 자체 개발 운영체제를 사용하고 있었다. 그러나 점차 많은 사람들이 다른 스마트폰에서 안드로이드용이나 애플 운영체제(ios)를 사용하고 있음에도 불구하고 블랙베리 회사는 자체 운영체제를 고집했다. 결국 블랙베리를 사용하는 고객들은 가족과 친구들, 직장 동료들과의 커뮤니케이션을 할 수 없게 되었고, 대다수 블랙베리가 아닌 다른 스마트폰으로 바꾸게 된 것이다.

스마트폰을 선도하던 미국 시장의 절반을 차지했던 블랙베리의 회사 운영진들이 당시 스마트폰 흐름을 읽지 못했다고는 생각하지 않는다. 분명 흐름은 읽었지만 블랙베리 회사 운영진이 자체 개발한 기술과 운영체제 그리고 인지도 등 기존의 승리에 도취되어 변해가는 상황 속에서도 기존 전략을 고수했기 때문에 결국 실패한 것이다.

스티브 잡스는 애플 사옥에 이런 글을 새겨 놓았다.

"좋은 것은 위대한 것의 적입니다(Good is the enemy of Great). 대개의 사람들은 제법 좋은 삶을 살게 되는 바로 그 순간 위대한 삶으로의 꿈을 접습니다. 좋고, 편안하고, 안락한 것에서 벗어나려는 끈질긴 노력이 위대함을 만듭니다."

스티브 잡스가 언급한 대로라면 블랙베리 회사는 좋은 제품을 만들어서 우리를 즐겁게 해주었으나, 그 회사 운영진은 안락함에서 벗어나지 못해 위대한 제품까지는 못 만들고 그 자리에서 주저앉은 것이다. 즉, 블랙베리 휴대폰이 한 단계 발전된 휴대폰의 적이 된 것이다.

《손자병법》에서는 상황이 변하면 어떻게 행동해야 승리할 수 있는가를 설명했다.

첫 번째가 도(度), 둘째가 량(量), 셋째가 수(數), 넷째가 칭
(稱), 다섯 번째가 승(勝)이다. 땅의 거리와 넓고 좁음을 가
늠하고, 그 가늠에 의해 적이 동원할 수 있는 역량을 산정
하고, 그 추산에 의해 내가 동원할 수 있는 가능 전력을 판
단하며, 적과 나의 전력을 저울질하여 아측의 강대한 힘을
적의 취약점에 집중해 엄청난 전력의 차이를 만들어 냄으
로써 승리를 얻는 것이다.

병 법 일 왈 도 이 왈 량 삼 왈 수 사 왈 칭 오 왈 승
兵法 一曰度 二曰量 三曰數 四曰稱 吾曰勝
지 생 도 도 생 량 양 생 수 수 생 칭 칭 생 승
地生度, 度生量, 量生數, 數生稱, 稱生勝

《손자병법》이 쓰인 당시에 적과 싸우는 데 있어서 중요한
것은 땅, 즉 지형이었다. 다양한 지형에서 적과 싸워야 했기
때문이다. 일주일 전에 같은 적과 싸웠다 하더라도 이번에 싸
우는 장소가 다르고, 적의 규모가 달랐기 때문에 적과 싸우는
방법을 다르게 해야 이길 수 있음을 강조한 것이다.

자, 솔직해져 보자. 여러분이 신생 스마트폰 회사 CEO라면 이제는 별 볼 일 없는 블랙베리 스마트폰을 만들었던 회사라도 부러울 것이다. 스마트폰 시장 점유율 5%는 고사하고 1%라도 차지하기 위해 밤늦게까지 야근을 밥 먹듯이 하고 있는 여러분 회사 입장에서는 한때 미국 스마트폰 시장 점유율을 50% 가까이 차지했던 블랙베리 회사는 마냥 부럽고 한때라도 좋으니 그만큼 성장하고 싶을 것이다.

그렇다고 신생 스마트폰 회사의 CEO로서 가지고 있는 자산의 대부분을 블랙베리 회사가 성장 단계에 추진했던 다양한 프로젝트처럼 과감하게 투자할 수 있을까? 분명 주저할 것이다. 일정 부분 참고는 할 수 있지만 그 속에 여러분 회사의 미래가 결정된다고 하면 한 번 더 고민한 뒤 결국 다른 방안을 모색할 것이다. 블랙베리 회사가 성장했던 스마트폰 초기 당시의 환경과 스마트폰을 누구나 가지고 있고 너무나 다양해진 지금은 많이 달라졌기 때문이다. 즉 달라진 환경에서는 다른 방법으로 접근하기에 다르게 접근하지 않으면 그때는 맞았더라도 지금은 틀린 선택이 될 수 있는 것이다.

군대 환경도 예전과 다르게 많은 것이 바뀌고 있다. 20년 이후 가장 크게 바뀐 것은 일과 시간 후 스마트폰을 자유롭게 사용할 수 있게 된 것이다. 의무 복무를 하는 용사들은 군대에 입대하기 전까지 스마트폰을 항상 손에 쥐고 생활했다. 그런 스마트폰을 휴가 또는 외출 시에만 사용했으니 얼마나 불편했겠는가? 물론 보안적인 측면이나 불법도박 접근 등에 대해 일부 우려하는 부분도 있었고 실제로도 그러한 사례가 있었던 것도 사실이다. 그러나 제도적으로 보완되었으며, 용사들 스스로도 규정을 지키려는 노력을 계속하고 있는 만큼 많이 정착되고 있다. SNS를 통해 부모님 그리고 친구들과 매일 소통할 수 있게 되었고, 영어 공부나 대학교 수업도 스마트폰을 이용해서 할 수 있게 되는 등 긍정적인 부분이 더 많아졌다.

　모든 지휘관들은 부대원들이 생각하는 실제 목소리를 듣고 싶어 한다. 용사들은 군 복무하면서 선임들과의 관계 또는 간부들로 인해 겪는 고충 등이 언제든지 발생할 수 있다. 중대장 또는 대대장들이 힘들면 언제든지 찾아오면 해결해준다고 하지만 지휘관실에 들어갔다 나오는 것이 누군가에게 보이지 않을까 하는 부담감에 눈치를 보다 면담 신청을 못하고 마음앓이 하는 경우도 있다. 그래서 군대에는 직접 찾아와 말로 하기 힘들 때 종이에 적어서 의사를 표출할 수 있도록 나무 또는 철제로 만든 마음의 편지함을 생활관과 화장실 등에 비치시켜 놓고 있다.

대대장 직책을 수행하면서 매주 금요일 오후가 되면 그 마음의 편지함 속 내용들을 정리해 전 부대원들에게 알려주고 조치한 내용을 알려 주었다. 그런데 일주일에 2~3건 정도밖에 없는 것이 이상했다. 용사들뿐 아니라 간부들도 많았던 우리 부대원들이 부대에 대부분 만족하고 있는 걸까? 아니다. 사랑하는 가족 그리고 연인관계도 불만이 있고 다투기도 하는데 20대 초중반 청년들이 생활하는 군대라는 장소에서 대부분 아무런 불만 없이 지낼 수 있을까? 만약 지휘관이 그렇게 생각한다면 스스로 부대의 어두운 면을 걷어내지 않고 덮어두려고 하는 것이다.

부대원들이 마음의 편지처럼 익명성은 보장하되 의사는 표현할 수 있는 방법을 고민하던 중 용사들이 일과 후 스마트폰을 사용하는 것에 착안해 '익명 대화방'을 개설해서 운영했다. SNS상 익명 대화방을 개설하면 계급과 이름을 밝히지 않고 대화를 할 수 있는 만큼 기존의 마음의 편지와 같은 역할을 할 수 있었다. 이미 유사한 방법을 적용하고 있는 인접 대대장들의 조언을 듣기도 했다. 1:1 대화방도 있고 그룹 대화방도 있었다. 그룹 대화방은 간부와 용사를 구분해서 개설했다. 용사들뿐 아니라 간부들도 익명이 보장되었던 만큼 자유롭게 의사표명을 했다. '뜨거운 물이 갑자기 나오지 않습니다'

라는 가벼운 내용부터 '같은 생활관의 ○○○ 상병 때문에 다들 힘들어합니다'라는 무거운 내용까지 다양한 이야기를 들을 수 있었다. 물론 익명으로 대화하다 1:1 실명으로 이야기를 하는 용사도 있었고, 처음부터 실명으로 대화를 건넨 간부나 용사들도 있었다.

다양한 의견 때문일까? 일주일에 마음의 편지가 많을 때는 50건이 넘을 때도 있었다. 물론, 그 내용들을 모두 조치해줄 수는 없었다. 금요일 소통의 시간을 통해 조치 가능한 것은 해주고 제한되는 것은 왜 그런지 설명해준 뒤 대대 게시판에 공지했다. 그러면 부대원 중 누군가는 가능한 방안을 제시했고 부대원들과 대대 참모들의 의견을 들은 뒤 반영하기도 했다.

'익명 대화방'은 내가 부대원들의 이야기를 듣고 싶어서 시작했지만 오히려 부대원들이 나의 목소리를 경청해주어서 항상 고마웠다. 특히, 코로나19 바이러스가 확산되던 초창기에 몇 개월간 출퇴근이 자유롭지 못했던 간부들과 휴가를 나가지 못했던 용사들이 많이 힘들어했다. 부대원들은 일과 시간에는 부여된 임무를 성실히 수행했지만 일과 시간 이후에는 답답한 마음들을 '익명 대화방'에 표현했다. 코로나19 바이러스라는 변화된 환경 때문에 일부 간부나 용사들이 거칠게 의사를 표명하기도 했지만 그것 역시 그들의 솔직한 의견이었다. 그런 과정을 통해 지휘관으로서 내가 무엇을 잘하고 있는지 잘못된 부분은 무엇인지 알게 되었다. 부대원들과 소통하지 않았다면 결코 알 수 없는 부분이었다.

사회나 군대 모두 환경은 계속 변한다. 나도 아직 부족한 부분이 많고 노력하고 있지만 여러분도 빠르게 변화하는 환경 속에서 좌절하지 말고 어떻게 적응해 나갈 것인가를 고민했으면 좋겠다. 그리고 그 고민하는 과정에 해답이 있을 거라고 확신한다.

◆ ◆ ◆

"변화는 삶의 법칙이다. 과거나 현재만 바라보는 사람들은
미래를 놓치기 마련이다."
미국 35대 대통령, 존 F.케네디

孫子兵法

3

앞으로 나아가려면
지금까지의 익숙함에
취하지 않고 깨어나야 한다

용병에는 고정된 세가 있지 않으며 물은 고정된 형상을 갖지 않는다.
적의 변화에 맞추어 능숙하게 승리를 만들어 내는 사람을
신이라고 부른다.

孫子兵法

익숙함에 취하지 말라

저녁 식사를 분명히 했는데도 출출할 때가 있다. 잠깐 고민하다 시켜먹은 야식은 너무 맛있고 오랫동안 좋은 기분으로 간직된다. 야식 하면 아직도 소대장 때 인접 소대장들과 함께 모여서 먹었던 치킨이 생각난다. 저녁 9시 정도 되면 소대장들끼리 가끔 모여서 야식을 같이 먹었다. 소대장 12명 중 8명 정도는 모였던 것 같다. 통상 독신자 숙소는 원룸 형태로 되어 있지만 소대장으로 생활했던 부대는 주둔지 내에 있었던 쓰지 않는 대대장 관사를 독신자 숙소로 리모델링하여 거실에 다 같이 모일 수 있는 공간이 있었다. 시간이 되는 멤버들끼리 모여서 치킨을 같이 먹으며 교육훈련 이야기부터 중대장에게 꾸중 들은 이야기 그리고 연애 이야기까지 모두 나누었다.

나는 그 모임이 좋았다. 용사들도 그렇지만 소대장들 역시 가족, 친구들과 떨어져 낯선 곳에서 처음 생활하는 만큼 인접 소대장들은 서로에게 큰 의지가 되었다. 또, 맛있는 치킨은 물론 소대장 경험을 같이 공유하며 모르는 것도 배울 수 있었고 때로는 소대원들을 지휘하는 데 도움이 되기도 했다. 문제는 소대장들이 그 모임을 좋아해서 습관이 되었고 너무나도 익숙해졌다는 것이다. 일주일에 4번 정도 야식을 함께 먹으니 친밀감은 두터워졌지만 체력 관리에 조금만 방심했다가는 체중이 불어나기 딱 좋았다.

세계적인 피아니스트였던 블라디미르 호로비츠는 '하루라도 연습을 안 하면 나 자신이 그것을 안다. 이틀을 안 하면 비평가들이 알고 사흘을 안 하면 청중이 안다'고 했다. 소대원들과 매일 뜀걸음을 하고 교육훈련을 하는 소대장은 체중이 불어나면 소대원들이 금방 알게 된다. 소대원들은 자신들보다 뜀걸음을 못하고 체력이 약한 소대장을 신뢰하지 않는다. 물론 겉으로 말하지 않지만 눈빛이나 행동에서 소대장들은 금방 느낄 수 있다. 그래서 그 당시에 열심히 먹은 만큼 열심히 뜀걸음하면서 운동했던 기억도 함께 고스란히 남아있다.

다행히 그 당시의 추억은 내게 좋은 기억으로 남아있지만, 만약 그때 야식을 먹고 운동을 제대로 하지 않았다면 소대장

생활하면서 어긋날 일이 분명 있었을 것이다. 사실 우리가 살아가는 현실은 그 익숙함으로 낭패를 보는 경우가 많다. 집 앞 횡단보도가 멀리 있다는 이유로 무단횡단을 하는 것에 익숙해졌다가 사고를 당할 수도 있고, 독신 때 자주 다녔던 나이트클럽, 낚시, 혼자만의 여행 등을 결혼 후에도 똑같이 하려고 고집하다가 배우자와의 관계가 불편해질 수도 있다. 아니, 결혼하지 않고 연예 중이라도 똑같을 것이다. 상대가 한두 번은 이해해 주겠지만 계속 반복된다면 더 관계가 악화될 것이다(물론 가족과 같이한다면 문제는 해결되겠지만…).

회사 업무도 마찬가지다. 처음 업무를 배울 때 익숙함, 즉 습관이 한번 정해지면 그 루틴대로 일을 하게 된다. 프로젝트가 부여되었을 때 접근하는 자세, 추진 과정에서의 태도, 마찰 요소가 있을 때 극복하는 방법 등은 그 익숙함 속에서 해결해 나간다. 그리고 회사 내에서 대리, 과장, 차장, 부장, 상무 등 직위가 올라갈수록 지금까지 해왔던 방법이 맞다는 본인만의 확신을 가지고 그대로 추진하게 된다. 업무 스타일이 익숙하기도 하고 그만큼 성과도 좋았다고 느끼기 때문이다. 《손자병법》은 이러한 익숙함에 대해 주의하라고 했다.

용병의 형세는 물의 형상을 닮아야 한다.

물의 형세는 높은 곳을 피해 낮은 곳으로 흘러간다. 용병의 형세도 적의 강점을 피하고 약점을 공격해야 한다. 물은 지형의 형태에 따라 자연스럽게 흘러간다. 용병은 적의 상황에 따라 적합한 방법으로 승리를 만든다.

그러므로 용병에는 고정된 세가 있지 않으며 물은 고정된 형상을 갖지 않는다. 적의 변화에 맞추어 능숙하게 승리를 만들어 내는 사람을 신이라고 부른다.

夫兵形象水, 水之形避高而趨下, 兵之形, 避實而擊虛,

水因地而制流 兵應敵而制勝.

故兵無常勢, 水無常形, 能因敵變化而取勝者, 謂之神.

무엇보다《손자병법》은 '물의 형상'을 강조했다. 물이 높은 곳에서 낮은 곳으로 흐르고, 지형의 변화에 따라 자연스레 흘러가듯 상황에 적합하게 행동을 취할 것을 강조했다. 특히, 익숙하다고 해서 고정된 틀을 유지해서는 승리할 수 없음을 강조했다. 그럼에도 불구하고 여러분들 중 대부분은 이 글을 읽

3 앞으로 나아가려면 지금까지의 익숙함에 취하지 않고 깨어나야 한다

고 나서도 회사에서 업무를 추진할 때는 과거에 했던 익숙한 방법을 그대로 답습할 것이다. 지금까지 해왔던 방식이 익숙하고 그 방법대로 해서 어느 정도 성공을 했기 때문이다. 그러나 무사들의 세계인 무림(武林)에는 고수들이 많다는 것을 명심해야 한다.

내가 회사에서 중요하게 생각하는 프로젝트를 추진하고 있는 팀장이라고 가정했을 때 어떻게 계획을 세우고 추진할 것인가? 경쟁 회사도 분명 프로젝트를 추진 중일 것이며 그쪽도 팀장이 있을 것이다. 둘 다 인정을 받았기에 책임 있는 위치에서 일을 추진할 것이다. 그러나 결국 승자는 한 명이다. 그 결과로 한 명은 잘못된 업무 습관을 가지고 있었거나, 좋은 습관을 가지고 있었다 하더라도 경쟁자보다 뛰어나지 못했음이 판가름 나는 것이다.

그렇다면 내가 그 승리자가 되려면 어떻게 해야 할까? 지금까지 해왔던 방식을 모두 버려야 하나? 경쟁자에게 몹쓸 짓이라도 해야 하나? 그렇지 않다. 《손자병법》이 강조한 '물의 형상'을 따라 하면 된다. 내가 추진하려고 했던 사안들 중 상황이 바뀌면 과감히 버리고 보완해야 하는 것을 짚어낼 수 있어야 한다. 결국 경쟁에서 승리는 누가 얼마나 본인의 잘못된 습관, 즉 익숙함을 빨리 떨쳐내고 새로운 것을 받아들일 수 있는가에 달려 있는 것이다. 물론 미국 소설가인 마크 트웨인은 '둥근 사람이 네모난 구멍에 바로 들어갈 수는 없다. 그 모습을 바꿀 시간이 필요하다'라고 이야기한 만큼 지금까지의 익숙함에서 새로운 것으로 변화될 때는 그만큼의 마찰 요소가 있고 극복해 나갈 만큼의 시간이 필요하다. 여기서 많은 독자들이 '그럼 어떤 부분은 유지하고 어떤 부분은 바꾸어야 하는가? 그것을 알아야 하지 않나?' 하고 궁금해할 수 있다.

안타깝게도 《손자병법》에는 그 내용까지 언급되어 있지는 않다. 다만, 어떤 일을 추진할 때는 나 혼자 하는 것이 아니다. 주변 사람들과 함께 추진하는 것이다. 상급자도 있고 동료도 있고, 부하 직원도 있다. 그들은 내가 추진하고 있는 일을 모두 지켜보고 있다. 그들이 프로젝트의 성패를 좌우하는 핵심이다. 그들이 회의 때 허심탄회하게 나의 부족한 부분을 언급하거나 회의 이후라도 메일이나 문자를 통해 의견을 주는 것에 경청해야 한다. 게임을 하거나 장기나 바둑을 둘 때 내게 보이지 않는 수가 훈수 두는 이에게는 전체적인 판세가 잘 보이듯이 나의 계획 중 미흡한 단점을 정확하게 짚어낼 수 있다. 물론 나는 평상시에 그들이 내게 의견을 말하면 그것을 받아들일 수 있는 정도의 인물이라는 것을 각인시켜야 한다. 평상시 고집불통이고 세상에서 제일 잘난 것처럼 행동하면 그들은 굳이 내게 말하지 않고 '얼마나 잘하는지 두고 보자' 하면서 그냥 지켜볼 것이다. 그러면 개선되지 못한 나의 좋은 습관은 어느새 나쁜 습관이 되어 나를 힘들게 할 것이다.

군대에도 익숙해진 습관으로 위험에 빠질 일들은 많다.

보병사단에는 보병대대뿐 아니라 포병, 공병, 전차, 보급, 의무 등 많은 대대가 있다. 부대마다 부여된 임무를 하고 있기에 어느 부대가 더 중요하고 중요하지 않다고 말할 수는 없다. 그러나 수색대대는 매일 DMZ에서 실제 작전을 수행하는 부대다. 어느 곳에 지뢰가 있을지 모르고 적이 나타날지 모른다. 더울 때나 추울 때나 그리고 지금 이 순간에도 작전을 수행하고 있다. 수색대대는 훈련이 아닌 실제 작전을 수행하는 만큼 신병교육대대에서 교육 중인 용사들 중에서 우수 자원들을 가장 먼저 선발할 수 있다. 그래서 수색대대에서 복무하는 간부나 용사들은 사단의 최정예부대라는 자부심을 가지고 있다.

나 역시 수색대대장 직책을 수행하는 것이 기뻤고 자부심을 느꼈다. 다만 취임 전에 가장 고민했던 것은 부대원들이 실제 작전을 수행하면서 익숙하게 했던 행동 중에서 위험한 부분은 없는가였다. 잘못된 습관으로 소중한 부대원들이 작전 임무를 수행하다가 다치거나 생명이 위험해지는 것은 사전에 예방하고 싶었다. 그래서 대대장 취임식 때와 2년간 내가 강조했던 문구 중 하나가 '익숙함에 취하지 말자'였다. 지금까지 작전 간 아무런 일이 일어나지 않았다고 해서 앞으로도 일어나지 않을 거라고 그 누구도 자신할 수 없기 때문이다. 다행히 우리 대대원들은 병영 생활이나 작전을 수행할 때 익숙함에 취하지 않았다. 때때로 위험 수위에 다가가는 행동들이 있을 때면 스스로 정화해 나갔다. 오히려 내가 지휘관으로서 익숙함에 취해 부대원들에게 잘못했던 것은 없었는가를 꾸준히 되짚어 봐야 했다.

지금까지 생활해오면서 나와 여러분은 좋은 습관을 분명 가지고 있다. 다만, 내 주변에 나의 그 습관에 대해 가끔씩 쓴소리를 할 때 얼굴이 빨개지거나 화를 내고, 삐지기보다 그 이야기를 해준 이에게 감사함을 느꼈으면 좋겠다. 감사함을 표시하고 그 습관을 올바른 방향으로 고치는 순간 나의 좋은 습관은 어느새 '위대한 습관'으로 바뀌어 있을 것이다.

◆ ◆ ◆

"탈피하지 않는 뱀은 죽는다."

독일의 시인이자 철학자, 니체

孫子兵法

경쟁자의 지혜를
내 것으로 흡수하라

"너는 나를 사랑한다면서 내 마음도 몰라주니?"

로맨틱코미디 드라마나 영화를 보면 종종 듣는 대사다. 사실 우리가 실제 살아가는 사회에서도 위 대사처럼 애인 또는 부부간 자신을 이해하지 못하는 상대방을 탓하며 다투는 일은 항상 일어난다. 이러한 내용은 많은 남녀들이 공감하며 읽었던 스테디셀러인 《화성에서 온 남자, 금성에서 온 여자》 책에도 잘 나와있다. 저자인 존 그레이 박사가 30여년 간 상담센터를 운영하면서 부부간 갈등의 원인과 치유법을 연구해온 결과를 정리하면서 남녀의 근본적인 차이를 아는 것이 중요하다고 했다. 그 차이를 모르면 서로 너무 좋아해서 연애도 하고 결혼까지 하더라도 서로를 진정으로 이해하기는 어렵다는 것이다.

서로 좋아하는 사람들 간의 마음을 읽는 것도 어려운데, 하물며 내게 최대한 감추려고만 하는 경쟁자의 마음을 꿰뚫어 보는 것은 얼마나 어렵겠는가?

《실낙원(失樂園)》의 저자로서 셰익스피어에 버금가는 대시인으로 평가되는 영국 시인 존 밀턴은 '힘으로 이기는 것은 승리의 절반에 지나지 않는다'고 했다. 존 밀턴은 승리의 나머지 절반을 언급하지는 않았지만 나는 그 절반은 상대방, 즉 적의 힘을 적절히 이용할 수 있어야 진정한 승리를 거둘 수 있다고 해석했다. 그러기 위해서는 적이 현재 어떠한 의도를 가지고 나를 공격할 것인가에 대한 의도를 파악하고 대비할 수 있어야만 가능하다.

의도를 파악하는 것은 '행간을 읽을 수 있어야 한다'는 의미다. 행간은 말 그대로 줄과 줄 사이다. 책을 읽을 때 줄에 쓰인 내용뿐 아니라 줄과 줄 사이에 숨겨진 의미를 찾아낼 수 있을 때 '행간을 읽었다'고 할 수 있다. 그러나 상대방의 의도를 파악하는 것은 어렵다. 누가 카드놀이 할 때 자신의 패를 보여주려고 하겠는가? 경쟁자의 눈빛과 손 떨림 등 그의 표정과 행동을 통해 읽을 수 있어야 한다. 《손자병법》에서도 그 부분에 대해 언급했다.

적이 가까이 있으면서도 공격하지 않고 조용히 있는 것은 험한 곳을 믿고 있기 때문이다.

멀리 있으면서 도전해오는 것은 상대가 진출하기를 바라는 것이다.

자기를 낮추어 말하면서도 방비를 더욱 굳게 하는 것은 곧 진격할 의사가 있다는 것이다.

인사가 완강하게 하면서 앞으로 달려나오는 것은 퇴각할 의사를 갖고 있다는 것이다.

약속이 없었는데도 강화를 청하는 것은 우리를 속일 모책을 꾸미고 있는 것이다.

절반쯤 진출했다가 절반쯤 퇴각하는 것은 우리를 유인하고자 하는 것이다.

이익이 있는데도 진격하지 않는 것은 피로해 있다는 증거이다.

말을 죽여 그 고기를 먹는 것은 군에 양식이 없다는 증거이다.

적 근 이 정 자 시 기 험 야   원 이 도 전 자   욕 인 지 진 야
敵近而靜者 恃其險也 遠而挑戰者 欲人之進也

사 비 이 익 비 자   진 야   사 강 이 진 구 자   퇴 야
辭卑而益備者 進也 辭强而進驅者 退也

무 약 이 청 화 자 모 야 반 진 반 퇴 자 유 야
無約而請和者 謨也 半進半退者 誘也
견 리 이 부 진 자 로 야 살 마 식 육 자 군 무 량 야
見利而不進者 勞也 殺馬食肉者 軍無糧也

《손자병법》의 행군편에서는 적의 의도를 파악할 수 있는 실질적인 부분들에 대해 위에서 언급했던 것을 포함해서 30여 개의 문장으로 자세히 기술했다. 오래전 이야기이고 전쟁할 때의 행동이라고 치부할 수도 있지만 지금의 인생사에 대입해도 전혀 이상하지 않은 문장들도 많다. 분명 나의 경쟁자가 나를 혼란스럽게 하고 위험에 빠뜨릴 기회가 왔음에도 그렇게 행동하지 않는 것은 내가 당황해서 실수하기를 바라는 것이다. 또한, 갑자기 친절하게 행동하는 것은 어떠한 의도가 있는 것으로 그 행동에 속아 넘어가서는 안 된다.

경쟁자는 흰색 깃발을 흔들면서 항복이라고 직접적인 의사표현을 하기 전까지 우리 앞에서 자신의 의도를 드러내고자 하지 않을 것이다. 우리는 그 행동들을 보면서 의도를 눈치채야 한다. 그리고 그들이 사용하고자 하는 지혜를 내 것으로 만들 수 있어야 한다.

말은 멋있다. 그러나 적의 의도를 간파하고 적의 계획을 역이용한다는 것이 쉬운가? 솔직히 어렵다. 적들이 아무리 여러

3 앞으로 나아가려면 지금까지의 익숙함에 취하지 않고 깨어나야 한다

분 앞에서 다양한 행동을 노출시킨다고 해도 그 의미를 보고 깨닫지 못하면 아무 의미가 없다. 아는 만큼만 보이기 때문이다.

그러면 어떤 능력을 갖추고 있어야 경쟁자의 행동을 보고 그 의미를 찾을 수 있을까? 그 해답은 겸손에 있다고 생각한다. 즉, 상대방을 반드시 꺾고 승리를 쟁취해야 하지만 그전에 먼저 적이 가지고 있는 능력 중에 잘한 부분은 인정하고 받아들여야 한다. 나를 객관적으로 바라보고 적의 강점이 무엇인지 알지 못하면 적의 지혜를 보고 이용할 수 없다. 이와 관련해서 미 육군 예비역 대령 '김영옥'은 《영웅 김영옥》에서 "적으로부터 배운다는 것은 실제로는 사고의 유연성이 없으면 잘 되지 않는 것이다"라고 언급했다.

우리나라 국민들은 대부분 일본이라는 나라에 대해 부정적 인식을 가지고 있다. 우리나라를 침략해서 36년 동안 지배했던 일본은 아직까지 제대로 사과를 하지 않고 있다. 2차 대전 패배 이후 자위대만 운영했으나 점차 군대를 강화하고 있어 우리나라뿐 아니라 주변 국가들이 바라보는 시선도 불편하다. 군대에서도 군사교육 기간 동안 자위대에 대해서는 언급조차 하지 않았던 것 같다.

지금의 일본은 미국과 동맹관계를 유지한 가운데 북한 핵과 미사일 문제와 관련해 우리나라와도 정보를 교류하면서 대처해 나가고 있는 나라이다. 한편, 일본과는 독도 관련 갈등이 심화할 경우 상호 군사적 충돌이 언제든 발생할 수 있다. 이처럼 아이러니한 안보환경에 처해 있는 현실을 감안하면 일본은 가깝고도 먼 이웃이다.

나는 그런 자위대에 대해 궁금한 점이 많았다. '친구는 가까이, 적은 더 가까이'라는 말처럼 우리가 불편해하고 외면했던 일본에게 비판할 것을 비판하되 얻을 것은 얻을 필요가 있다고 생각했다. 그래서 청일전쟁과 러일전쟁 당시 어떤 전략과 전술로 주변국과의 전쟁을 준비하고 목표한 바를 이루었는가에 대한 책도 읽어 보았고, 태평양전쟁 당시 전략도 책으로 접해보았다. 그리고 기회가 되면 일본에 가서 자위대의 실체를 보고 싶었다.

운이 좋아서일까. 2017년에 합동군사대학교 고급 과정 교육을 받을 당시 주요 국가들의 군사교육기관을 방문하는 국외 현장학습 프로그램을 통해 타국에 방문할 기회가 있었다. 나는 주저없이 일본을 택했다. 중부방면대사령부, 육상자위대 15여단, 항공자위대 남서항공단 등 다양한 부대를 방문해 브리핑도 받고 장비를 둘러볼 기회가 있었다. 그 당시 브리핑 내용 중 대부분은 평화적인 부분을 언급하고 있었지만, 곳곳에 북한과 중국 등의 위협에 대비하기 위해 자위대 증강의 필요성을 강조하고 있었다. 그 당시 방문을 통해 느낀 것은 나를 포함한 대한민국 장교들은 냉혹한 국제사회의 무한투쟁과 생존경쟁 속에서 국가를 방위하기 위해서는 북한뿐 아니라 주변 국가 군사력 증강에 대해서도 지속적인 관심을 가지고 대비해야 한다는 것이었다.

우리가 인생을 살아갈 때 모두가 우리에게 우호적으로 대하지 않으며, 나 역시 그렇다. 일본 같이 느껴지는 사람들도 있다. '내가 보지 않고 지내면 되지' 하고 회피하는 것이 그 당시에는 편할 수 있다. 그러나 그런 사람들이 훗날 나의 경쟁자가되고 내가 하고자 하는 것을 방해할 수도 있다. 그때 가서 그에 대해 아는 것이 없어서 속절없이 당하게 되면 그때의 패배자는 내가 된다. 그에게 배울 수 있는 부분은 없는지 따져보고 그들의 지혜를 내 것으로 흡수하기 위해 노력해야 한다.

◆　◆　◆

"당신에게 최악의 적은 당신에게 최고의 스승입니다."

작자 미상

기다리고, 기다리고, 또 기다려라

주말에 에버랜드나 롯데월드에 가서 사람들이 선호하는 놀이기구를 타려고 하면 보통 1시간 이상 걸리는 것은 물론 2시간 가까이 줄을 서야 할 때가 있다(물론 많은 돈을 주면 바로 탈 수 있는 프리패스권도 있다). 폐장 시간이 가까워졌는데도 줄이 좀처럼 줄어들지 않으면 놀이기구 직원분이 다가와서 어느 고객까지 놀이기구를 탈 수 있는지 친절하게 알려준다. 어쨌든 줄을 서고 있는 고객들은 기다리면 놀이기구를 탈 수 있는 것이다. 은행 역시 예금 또는 대출 등 업무를 보기 위해서는 입구에 들어서자마자 번호표를 뽑고 내 순서를 기다리면 된다. 때때로 운이 좋아서 내 앞 번호표를 가지고 있는 손님 중 기다리는 것이 귀찮아지거나 급한 약속이 있어 돌아가면 생각보다 내 순서가 빨리 오기도 한다.

우리 삶도 고등학교 때까지는 이와 비슷했다. 많이 아프거나 큰 사고만 치지 않으면 해가 바뀌어 자연스레 다음 학년으로 올라갈 수 있었다. 새로운 학년이 될 때마다 같은 반에 어떤 친구가 있을까 설레기도 했고 초등학교 6학년, 중학교 3학년 그리고 고등학교 3학년이 되면 스스로 의젓함을 느끼며 생활하기도 했다.

그러나 고등학교를 졸업하는 시기부터 대학교와 취업을 선택하면서 달라진다. 먼저 태어났다고 또는 입사하고 싶은 회사에 원서를 먼저 접수했다고 해서 기회가 순서대로 오지 않았다. 처음 몇 번은 '그럴 수 있지', '곧 내 차례가 오겠지' 하고 고등학교 때까지 그랬던 것처럼 시간이 지나면 해결될 거라고 믿는다. 그러나 후배들이 같은 회사에 지원해서 나보다 먼저 입사하는 모습을 몇 번 겪다 보면 믿음이 약해진다. 따라서, 우리 삶은 놀이공원이나 은행과 다르기에 삶에서 얻고자 하는 것을 선착순으로 얻을 수는 없다는 것을 깨닫게 된다.

여러분들 중 '실력만 갖추고 있으면 순서에 상관없이 뽑히는 것 아닌가?' 하고 생각하는 분들도 있을 것이다. 그러나 누가 어떤 기준으로 실력을 공정하게 평가할 수 있는가? 소위 말하는 스펙은 영어 성적과 자격증인데 이 역시 일정 부분 객관적인 점수에 가점을 준다 하더라도 결정적 요소는 되지 못한다. '그럼 어떻게 하란 것인가?', '그냥 될 대로 되라는 식으로 살아야 하나?', '내 인생을 운에 맡겨야 하나?' 하고 또 반문할 수 있다. 분명한 건 그 누구도 정확한 답변을 줄 수 없다는 것이다. 삶의 문제는 객관식보다는 주관식이고, 절대평가보다는 상대평가이기 때문이다.

어떻게 보면 답답할 수 있는 이 삶과 관련해서 《손자병법》 '화공(火攻)편'에는 다음과 같이 기술되어 있다.

孫子兵法

> 화공을 할 때는 반드시 불이 잘 탈 수 있는 조건이 고려되어야 하고, 불이 왕성하게 타오르게 하기 위해서는 화공의 기구가 갖추어져야만 한다.
> 따라서, 불을 놓는 것은 적당한 시간을 고려해야 하고, 또한 불이 잘 타오르는 날이 있으니 이를 고려해야 한다. 그 시간은 공기가 건조해 있을 때여야 하고, 그 날짜는 달이 기, 벽, 익, 진에 있는 날을 말하니 일반적으로 한 달 중에서 이런 날짜가 바람이 일어날 수 있는 가능성이 높은 날이다.

행 화 필 유 인 연 화 필 소 구
行火必有因 煙火必素具

앞으로 나아가려면 지금까지의 익숙함에 취하지 않고 깨어나야 한다

137

發火有時 起火有日 時者 天地燥也 日者
月在箕壁翼軫也 凡此四宿者 風起之日也

위 내용은 공격을 할 때 불을 어떻게 이용해야 하는가를 자세하게 알려주고 있다. 아무 때나 불을 이용해서 공격하는 것이 아니라 일자와 시간 등 여러 조건을 고려해야 하고 불을 잘 타오르게 하는 적절한 기구가 필요하다는 것이다. 《손자병법》은 적에게 승리를 하기 위해서 적과 나에 대해서 알아야 하는 것은 물론 지형과 기상 등에 대해서도 여러 번 반복해서 강조한다. 그런데 왜 《손자병법》은 불로 공격하는 '화공'에 대해서는 별도의 한 편으로 정리까지 했을까를 생각해 보았다. 그 당시 많은 장수들이 화공법을 잘못 사용하다 패배하는 경우가 많았을 것이다. 손자가 생각해도 불로 공격하는 것은 마음대로 되지 않는 만큼 신중하게 생각해야 하고, 그 방법도 상세히 알려줄 필요가 있다고 느꼈을 것이다. 그리고 원하는 시기마다 공격할 수 없고 기회가 올 때까지 기다려야 하는 '화공편'이 앞에서 우리가 고민했던 부분과 일맥상통하다고 생각했다.

불로써 공격할 수 있는 기구를 가지고 있다고 해도 내일 당장 공격할 수 없다. 특정 일자를 정한다 하더라도 그날에 기상이 어떻게 바뀔지 모른다.《손자병법》에서도 불이 잘 타오르는 날들에 대해 언급하고 있으나, 반드시 그날 공격하라고 한 것이 아니라 가능성이 높으니 잘 따져보고 불을 놓으라고 했다. 산스크리트 속담에 '나쁜 시기에는 나쁜 결정만 내리게 된다'는 말이 있다. 만약 장수들이 불로 공격할 적당한 시기를 기다리지 못하고 승리를 해야겠다는 조급한 마음에 무리하게 공격하면 오히려 바람의 방향으로 인해 역공격을 당하게 되어 우리 군에 치명적인 결과를 미칠 수도 있다.

무리하게 공격하는 장수의 입장에서 생각해보자. 그들도 한 나라를 대표하는 장수인데 무턱대고 공격하고 싶었겠는가? 최상의 전투력을 보유하고 있을 때 원하는 시기에 화공으로 공격하고 싶었을 것이다. 그러나 바람의 방향이나 건조한 시기를 좀처럼 찾지 못하고 시간만 흐르게 되다 기회를 여러 차례 놓쳤을 것이다. 나라에서 가지고 온 식량들은 점점 바닥나고 빨리 전쟁을 끝내고 싶은 병사들은 밤마다 고향으로 돌아가고 싶은 마음에 눈물을 훔치거나 마음이 약한 병사 중 일부는 고향으로 몰래 도망가기도 한다. 장수 입장에서는 공격한번 해보지 못하고 물러나는 것보다는 준비해온 화공 기구를 이용해서 공격을 하고 싶었을 것이다.

공격해야 할지 말지 결정해야 하고 책임을 져야 하는 장수는 외로운 자리다. 외로운 자리가 《손자병법》 그 당시의 장수뿐이겠는가? 수많은 회사의 CEO뿐 아니라 삶을 살아가고 있는 우리 모두 외롭다. 결정적인 순간에 결정을 내리고 그것에 대해 책임을 져야 하기 때문이다. 그동안 준비한 것들을 생각하면 분명 어느 정도 성과가 있어야 하고 주변 사람들에게 인정을 받고 싶다. 하지만 뚜렷한 성과가 보이지 않는 그런 답답한 상황이 계속되면 전환점이 필요하다고 느끼고 적절하지 않은 순간에 무리수를 두게 되어 결국 후회하게 된다.

기다려야 할 때는 기다려야 한다. 삶은 인내력 싸움이기 때문이다. 그리고 사고의 전환이 필요하다. 나보다 뒤에 있던 후배나 경쟁자들이 앞서고 있는 것만을 보고 답답해하거나 가슴 아파하지 말자. 내가 어느 순간 선택되었을 때 나보다 먼저 번호표를 뽑고 순서를 기다리던 선배들보다 앞서 나갈 수도 있는 것이다. 앞에서도 이야기했지만 인생은 주관식 문제를 푸는 것이고 상대평가다. 뒤에서 나를 앞서가는 것에 신경 쓰기보다 현재 나에게 기회가 왔을 때 확실하게 잡기 위해 내가 가지고 있는 무기들을 갈고닦는 데 집중해야 한다. 《손자병법》에서 이야기한 것처럼 화공의 기구가 불을 놓았을 때 활활 잘 타오를 수 있도록 끊임없이 관심을 가지고 준비하는 것이 더 중요하다.

마라톤에서 마지막 결승점에 도착하기 전에 뒤에 있던 경쟁자들이 나보다 앞서간다고 해서 내 기본 페이스를 무시하고 빨리 뛰면 몇 킬로미터는 앞설지 모르지만 결국 완주하지 못하고 중간에 포기하게 된다. 마라톤처럼 인생도 길다. 분명 내가 제대로 준비하고 기회가 오기를 지금까지 기다려왔다면 당장 그 기회는 눈에 보이지 않더라도 분명 한 번은 올 것이다. 그 순간을 위해 기다리고, 또 기다리자. 그리고 마지막 결승점에 제일 먼저 도착하는 승리자가 되자.

◆ ◆ ◆

"인내심은 평온을, 성급함은 후회를 거둔다."

유대인 철학자, 아비세브론

이기고 싶다면
참고 참고 또 참아야 한다

　우리나라 속담에 '참을 인(忍) 자가 셋이면 살인도 면한다'
는 말이 있다. 화가 치밀어도 심호흡을 하고 일단 한번 참아
보면 그 어떤 어려움도 슬기롭게 대처할 수 있다는 의미이
다. 이와 관련해서 나흥식 고려의대 명예교수는 조선일보 칼
럼('22.8.24.)을 통해 '수백만 년 동안 재난과 맹수와 싸운 인류
는 스트레스 대응 호르몬이 발달해 있다. 화를 낼 때 이 호르
몬이 증가하는데 10~20초 정도면 원래 수준으로 되돌아간
다. 화가 치밀어 올랐다가도 10~20초만 참으면 호르몬이 줄
어서 화가 나지 않을 수 있다'고 했다. 위 속담 역시 심호흡 3번
이면 화를 참을 수 있다는 현상을 경험하면서 나온 것일 것이
다. 그러나 참으면 살인은 면할지 몰라도 사회생활을 하면서
손해 보는 삶을 살게 된다. 오히려, 참는 사람을 얕잡아 보게

된다. 오죽하면 연예인 박명수 씨가 '참을 인 3번이면 호구'라는 말을 방송에서 한 이후에 많은 시청자들의 공감을 샀겠는가.

내가 여기에서 하고 싶은 이야기는 단순히 참는 것이 좋다, 나쁘다를 이야기하고자 하는 것이 아니다. 내가 경쟁자와의 결정적 승부처에서 승리를 하기 위해 지금 이 순간 참는 것이 궁극적으로 내게 도움이 된다면 참을 수 있어야 한다는 것이다. 자벌레가 몸을 굽히는 것은 다음에 몸을 펴고자 함을 뜻하는 고사성어인 '척확지굴(尺蠖之屈)'의 의미를 되새겨 봐야 한다. 뒷날의 성공을 위하여 지금의 어려움이나 굴욕을 참아야 한다. 《손자병법》에서도 승리하기 위해서는 적의 의도를 따르고 때를 기다려야 한다고 했다.

孫子兵法   11편 구지편

그러므로 전쟁을 하고자 할 때는 적의 의도를 따르면서 순순히 응해주며 적과 같은 방향으로 움직이다가 천 리를 행군하여 적의 장수를 죽이는 것이니 이를 일컬어 교묘함으로 능히 일을 성취하는 것이라고 부른다.

적군이 문을 열면 반드시 재빠르게 들어가서 먼저 적국의 중요한 요지를 공격하되 적과 싸움을 하지 않고 은밀히 적

3 앞으로 나아가려면 지금까지의 익숙함에 취하지 않고 깨어나야 한다

을 따라 움직이다가 때가 되면 결전을 치르는 것이다.

故爲兵之事, 在於順詳敵之意,
고 위 병 지 사　　재 어 순 양 적 지 의

并力一向, 千里殺將, 是謂巧事.
병 력 일 향　　천 리 살 장　　시 위 교 사

敵人開闔, 必亟入之. 先其所愛,
적 인 개 합　　필 극 입 지　　선 기 소 애

微與之期, 踐墨隨敵, 以決戰事.
미 여 지 기　　천 묵 수 적　　이 결 전 사

《손자병법》은 전쟁을 할 때 적의 의도를 따르면서 순순히 응해주라고 했다. 적과 같은 방향으로 가는 것처럼 행동해야 만 결정적인 순간에 적이 방심하게 되고 그 순간에 적의 장수를 쳐서 승리할 수 있다고 했다. 결국 전쟁에서 승리하기 위해서는 때로는 적에게 맞춰 행동하면서 참으며 기다릴 줄 알아야 한다는 것이다. 앞 장이 나 스스로 전쟁을 하기로 결심하기 전에 때를 조용히 기다려야 하는 것이었다면 이번 장은 전쟁은 시작했으나 때로는 적의 비위를 맞추어 주면서 참는 것이다. 그러다 적의 허점이 드러나면 주저하지 말고 공격해서 승리를 쟁취해야 함을 강조하는 것이다.

그러나 삶 속에서 우리가 굴욕적인 순간에 참는 것이 어디 쉬운 일인가. 아무리 궁극적인 승리를 거두기 위해서 참는 것이라 하더라도 그 순간순간을 참기는 너무 힘들다. 매번 나만 참는 것 같고 화를 낼 줄도 모르고 때로는 상대방에게 무시당한다고 생각할 수도 있다. 그러기에 위나라의 정치가이자 군사전략가였던 사마의도 '인내란 참을 수 없는 것을 참는 것이다'라는 말까지 했을 것이다.

군 복무를 하면서 참고 또 참으면서 했던 일은 단연 '보고서 작성'이다. 사회생활을 하는 직장인들도 대부분 그렇지만 군에서 지휘관 직책이 아닌 참모 임무를 수행할 때는 보고서를 작성해야 한다. '직장인은 보고서로 말한다'는 말처럼 그냥 작성하는 것이 아니라 누가 보더라도 이해하기 쉽게 작성해야 한다. 보고서 작성은 다른 사람과의 경쟁이 아닌 그야말로 나 자신과의 싸움이다. 나의 경쟁자가 보고서 작성을 잘한다고 전혀 의식할 필요가 없다. 나만 잘 작성하면 되는 것이다. 보고서 작성은 상대적인 것이 아니라 절대적이기 때문이다. 수요자, 즉 상급자가 궁금증 없이 보고서를 쉽게 읽을 수 있어야 하고 어떤 결심을 하는 데 도움이 되면 최고인 것이다. 결국, 하나의 깔끔한 보고서를 작성하기 위해서 자신과의 길고 지루한 싸움을 계속하며 참고 견딜 수 있어야 한다.

보고서와 관련해 가장 기억에 남는 것은 대위 때 복무했던 레바논 파병 기간이다. 태어나서 처음 가 보는 낯선 나라에서 일일, 주간 단위로 보고서를 작성하려면 레바논의 정치와 사회 등 다양한 분야를 알고 있어야 했다. 작전 지역 내 주민들을 만나 이야기도 나누며 그들의 생각도 포함해야 했다. 물론 파병을 레바논으로 떠나기 전부터 중동 관련 서적을 많이 읽고 갔으나 현지에 도착한 뒤 알아야 하는 것들은 너무나 많았다. 머릿속에 많은 것들이 인풋되고 있었으나 이러한 내용들을 한눈에 보기 좋고 이해하기 쉽게 작성하는 것은 쉽지 않은 일이었다. 한 달, 두 달이 지나면서 과장님께서 방향도 잘 잡아주셨고 나도 생활에 익숙해지면서 보고서 작성하는 것에 어느 정도 적응이 되었다.

그러나 또 하나의 암초가 있었다. 그것은 레바논에 파병을 와있는 UN 평화유지군 국가들 간의 회의 참석을 위한 보고서 작성 및 발표였다. 2주에 한 번씩 각국이 모여 회의를 하면서 서로 공유해야 할 사항을 나누는 의미 있는 자리였다. 다만, 보고서를 영어로 작성해야 하고 영어로 발표해야 했다. 사실 한글보다는 영어로 작성하는 것이 시간이 좀 더 걸리기는 하지만 그 자체가 어렵거나 두려운 일은 아니었다. 회의에 참석하기 전 보고서를 작성하고 필요 시 토의를 할 수 있도록 준비하려면 회의에 참석하는 각국의 군인들이 보고 이해할 수 있도록 한 번 더 고민해서 작성해야 했고 이것은 나에게 더 큰 인내심을 요구했다.

다행히 영어를 모국어로 쓰는 나라는 참석 국가들 중 30% 미만이었다. 모두 다 비슷한 상황이었다. 그래서일까, 부담을 많이 느끼는 몇몇 나라는 보고서에 사진 한 장에 '특이사항 없음(Nothing Special to Report)' 한 줄을 쓰고 끝내는 경우도 있었다. 그러나 참석한 대부분의 군인은 낯선 다른 나라에 파병 와서 겪었던 소중한 경험을 나누는 것이 의미가 있다는 것을 알고 있는 만큼 보고서를 작성하고 발표하는 것에 관심을 많이 기울였다. 또한, 당시 국가마다 파병을 오고 가는 시기가 6개월, 8개월, 1년 등 달랐다. 그래서 회의 마지막에는 항상 새로 온 인원과 본국으로 복귀하는 인원들이 인사하는 시간이 있었다. 다들 보고서를 작성하고 발표할 때는 어색해하고 힘들어했으면서 자기소개는 그런 부담감에서 벗어나 다들 웃으며 오랫동안 소감을 발표했다. 회의가 끝나면 서로 부대 코인(기념주화) 또는 각국의 조그마한 민속품을 서로 나누며 헤어졌던 기억이 소중한 추억으로 남아있다.

그 이후 소령과 중령 때도 보고서 작성을 하면서 고생했던 기억은 생생하다. 물론 소령 때 보고서를 작성하면서 몇 차례 우수 분석관 표창도 받은 적이 있다. 그 당시에는 '나의 보고서 실력이 향상된 것은 아닐까?' 하고 우쭐했던 적도 있었지만 그때는 내가 잘해서라기보다 과장님께서 검토를 너무 잘 해주신 덕분이었다. 나만의 완전한 오해였던 것이다. 그 이후에도 그리고 지금까지도 내가 작성한 보고서를 상급자가 검토한 뒤 수정된 내용들을 보면서 계속 반성한다. '왜 나는 이런 생각을 하지 못했을까?', '언제쯤 되면 이렇게 작성할 수 있을까?' 하고 말이다. 그러나 나의 지휘관이 올바른 결심을 할 수 있도록 적시적절하게 보고서를 작성하기 위해서는 스스로 반성하며 보완해 나가는 과정이 반드시 필요하다. 당연히 힘들고 어렵다. 그렇지만 와인도 숙성 기간이 필요하듯 보고서 역시 마찬가지다.

하물며 보고서뿐이겠는가? 내가 목표한 것을 이루기 위해서는 보고서를 작성하면서 겪는 마찰 요소와 같은 것을 계속 마주할 것이다. 게다가 보고서 작성할 때는 내 심리 상태만 컨트롤하면 되지만 누군가와 경쟁할 때는 경쟁자의 심리적인 부분까지 고려해야 하기 때문에 더 복잡하게 된다. 그러나 참고 또 참아야 한다. 박명수 씨가 언급한 것처럼 호구가 되라는 것이 아니다. 궁극적으로 내가 얻고자 하는 것을 얻어 승리자가 되고 싶다면 거쳐 가야 하는 단계로 받아들여야 한다는 것이다. 나를 깔보고 비난하는 사람들의 몇 마디에 상처받고 돌부리에 걸려 넘어지듯 주저앉은 뒤 일어나지 않으면 그때부터 나는 진짜 호구가 된다. 툭툭 털고 일어나서 앞으로 나아가야 한다. 그래서 나는 호구가 아니고 승리자라는 것을 나 스스로에게 보여주고 경쟁자에게도 인식시켜주어야 한다.

◆ ◆ ◆

"최후의 승리는 인내하는 사람에게 돌아간다.
인내하는 데서 운명이 좌우되고 성공이 따르게 된다."

프랑스의 황제이자 군인, 나폴레옹

가장 중요한 것은
눈에 보이지 않는다

난 흑인 최초로 합참의장을 거쳐 국무장관을 지낸 콜린 파월이 쓴 책《실전 리더십》을 자주 읽는다. 자메이카 이민 가정에서 태어나 인종을 초월한 탁월한 리더십과 불굴의 의지로 미국 역사에 한 획을 그은 지도자인 콜린 파월은 조직에서의 성공을 넘어 어떻게 살아가야 하는가를 알려준다. 그의 신념과 원칙은 내가 군 복무를 하면서 많은 영향을 받았기에 개인적으로 만날 수만 있다면 감사의 표현을 하고 싶을 정도다. 그의 책 내용 중에 '바쁜 녀석들'이라는 내용이 있다.

'바쁜 녀석들은 늦은 밤까지 절대로 사무실을 떠나지 않는다. 주말에도 출근해야만 한다. 바쁜 녀석들은 그들에게서만 받을 수 있는 도움을 주기 위해서 일찍 출근한다. 나는 바쁜 녀석들 중 하나가 되지 않기 위해 애썼다.'

이 부분을 처음 읽을 때 망치로 머리를 한 대 얻어맞은 것 같았다. 나 역시 군 생활을 하면서 바쁜 녀석들 중 한 명으로 살아가기 위해 노력하고 있었기 때문이다. 물론 보고해야 할 내용이 있어 야근한 적도 있지만 때로는 상관에게 잘 보이기 위해 일부러 늦게까지 업무를 했던 적도 있었다. 노력하는 것을 상급자가 알아봐 주기를 바랐기 때문이다. 군대뿐이겠는 가. 지금도 사회의 수많은 회사에서 근무하고 있는 직장인들은 어제도 그리고 오늘도 야근을 하며 바쁜 녀석들 중 한 명으로 살아가고 있을 것이다.

《손자병법》에서는 바쁜 녀석들이라는 표현을 직접적으로 하지는 않았지만 전쟁에서 승리하고 싶다면 적재적소에 사람을 배치하여 여건을 조성하는 것이 중요하다고 언급했다.

전쟁을 잘하는 사람은 이길 수 있는 세(勢)를 구하지 사람을 탓하지 않는다. 그리하여 사람을 선택해 적재적소에 배치하고 나머지는 세에 맡긴다. 세에 맡긴다 함은 사람들을 싸우게 하되 나무와 돌을 굴리는 것과 같이 하는 것. 전쟁을 잘하는 사람이 장병들을 싸우게 만드는 세는 마치 둥근 돌을 천길이 되는 급경사의 산에서 굴러 내려가게 하는 것과 같으니 이것이 곧 세다.

고 선 전 자 구 지 어 세 불 책 어 인 고 능 택 인 이 임 세
故善戰者, 求之於勢, 不責於人. 故能擇人而任勢.

임 세 자 기 전 인 야 여 전 목 석
任勢者 其戰人也, 如戰木石

고 선 전 인 지 세 여 전 원 석 어 천 인 지 산 자 세 야
故善戰人之勢, 如轉圓石於千仞之山者, 勢也

콜린 파월은 바쁜 녀석들 중 하나로 살지 않기 위해 노력했던 이유를 다음과 같이 설명했다.

"나는 평생 열심히 일했고 나를 위해 일하는 사람들도 마찬가지를 늘 기대했다. 하지만 불필요한 업무는 만들지 않으려 애썼다. 나는 완벽한 삶은 일로만 이루어지지 않는다는 것을 일찌감치 배웠다. 우리는 가족과 휴식, 여가생활 그리고 그것들을 즐길 시간이 필요하다."

나는 그 책을 읽은 뒤부터는 실무자 직책을 수행할 때는 과 전체가 긴급하게 처리해야 하는 업무가 아니라 내가 개인적으로 해야 하는 업무는 정말 급한 일이 아니면 야근을 하지 않으려 했다. 저녁 시간까지 고민을 해도 해결이 되지 않는 부분이 있으면 그 자리에서 덮었다. 다만 퇴근하기 전에 머릿속으로 5분 정도 정리하고 퇴근했다. 집에 가서 가족들과 밥

을 먹고 시간을 보냈다. 그런데 신기한 것은 가족들과 시간을 보내고 있는 그 순간 내가 의식하지 않더라도 부대에서 고민했던 내용들이 조금씩 정리가 되고 있는 것이다. 퇴근하기 전에 5분 동안 정리하면서 머릿속에 씨앗으로 심어놓은 것이 점차 나무로 커가고 있었다. 그러다 보면 해결책이 떠오르지 않아 고민했던 부분들이 어느덧 머릿속에 열매를 맺곤 했다. 그러면, 나는 다음 날 조금 일찍 출근해서 그것들을 정리한 뒤에 보고했다. 오랫동안 사무실에 앉아있지 않고 퇴근하는 것이 처음에는 습관이 들지 않아 힘들었지만 익숙해지니 더 효율적으로 업무할 수 있었다.

사단 참모 그리고 대대장이 된 후 상급자 입장에서 부하들 중 소위 바쁜 녀석들을 바라보니 콜린 파월이 했던 이야기를 더 잘 이해할 수 있었다. 밤늦게까지 업무하거나 주말에도 출근하는 부하들을 볼 때면 그 친구가 부대를 위해 열심히 일해 대단하다고 느끼기보다는 '업무 시간에 다 끝낼 수 있는 일 아니었나? 아니면 내가 무리하게 많은 업무를 주었나?' 하는 생각이 들었다. 나는 콜린 파월이 언급한 대로 완벽한 삶은 일로만 이루어지지 않는다는 것을 실천하고 싶었다. 부하들이 부대에서 시간을 무작정 많이 보내기보다 업무 시간 동안 그 업무에 대해 조금 더 관심을 가지고 접근하기를 바랐다.

그리고, 업무 시간에 집중해서 마무리하도록 강조했다. 만약, 업무가 쌓인 것 중에 오늘까지 상급 부대에 긴급하게 보고할 것이 아니라면 집에 일찍 퇴근해서 가족들과 시간을 보내라고 했다. 그리고 그렇게 하는 부하들이 더 효율적으로 업무를 하고 부대에 도움이 되었기에 그들을 더 높게 평가했다.

대대장 직책을 끝마칠 때쯤 깨달은 것은《손자병법》에서는 적재적소에 사람을 배치시키는 것이 중요하다고 했지만 현실에서는 그렇지 못하다는 것이었다. 모든 조직의 구성원들을 내가 원하는 인원들로만 채울 수는 없다. 나보다 먼저 와서 복무하고 있는 인원도 있고, 이후에 전입을 온다고 하더라도 상급 부대에서 부대별로 간부들을 배치하기 때문이다. 중요한 것은 나와 같이 근무하는 인원들이 적재적소에 배치된 것처럼 성과를 낼 수 있도록 관심을 가지고 이끄는 것이다. 만약 특정 실무자가 그 자리에서 업무하는 것을 힘들어할 때 그것을 내가 외면하고 그들에게 '열심히 하면 되지', '나 때도 다 힘들었어'라며 결과만 요구하면 그 실무자는 바쁜 녀석들 중 하나로 변해 버릴 것이다. 그때 나를 포함한 지휘관들은 오랫동안 복무하면서 축적된 눈에 보이지 않지만 중요한 노하우를 알려주어야 한다.

그러나 이 단계로는 우리 부대 또는 회사가 경쟁에서 앞서

갈 수 없다. 모든 조직의 리더들 역시 앞서가기 위한 핵심 업무에 집중하고 있기 때문이다. 그렇다면 모두가 앞서가려고 하는 경쟁에서 승리하기 위해서는 어떻게 해야 할까? 그 결정권은 리더가 아닌 구성원들에게 있다. 구성원들은 리더가 강조하는 핵심 업무가 진정으로 조직의 발전을 위한 것이라고 받아들여야 한다. 모든 구성원들은 업무를 부여받으면 부대 또는 회사를 위한 것인지 상급자 개인의 성과를 위한 것인지 알고 있다. 만약 전자의 경우라면 구성원들은 상급자의 진정성을 느끼고 신뢰하게 되며 주도적으로 업무를 추진하기 때문에 효율성이 높아진다. 상호 신뢰가 쌓인 상태에서 핵심 업무를 추진하게 되면《손자병법》에서 언급했듯이 높은 경사가 있는 산에서 큰 돌을 굴리듯 '세'가 조성이 되어 어떤 조직과 경쟁해도 승리할 수 있다. 만약 후자의 경우는 상호 신뢰가 없기 때문에 효율성도 떨어지고 나쁜 결과만 초래하게 된다.

사단 참모를 할 때 지휘관께서 참모와 지휘관들에게 읽으라고 나누어주셨던《정관정요》에 나오는 문구인 '임금은 배요, 백성은 물이다. 물은 배를 띄울 수 있지만 배를 뒤집어엎을 수도 있다'를 자주 언급하시면서 참모와 예하 부대 지휘관들은 부대원들의 마음을 항상 헤아리고 행동하라고 강조하셨다. 그리고 본질에 충실하라고 항상 말씀하셨던 것을 지휘관

평가받을 때도 그대로 적용하셨다. 현행 업무와 관련 없는 불필요한 것들을 준비하지 않도록 하셨다. 연대장 직책을 수행하실 때도 그렇게 해서 인접 연대장보다 좋지 않은 결과를 받았지만 군 생활하는 데 어떠한 장애물이 되지 않았다고 하시면서 이번에도 평상시 업무에 집중하라고 하셨다. 그리고 사단 평가 후에도 그 결과에 대해 한마디 언급도 하지 않으셨다. 사단장을 평가하는 것으로 사단 병력의 사기가 높아지거나 낮아지지 않는다고 생각하셨기 때문이다.

나도 사단 참모를 마치고 대대장 직책을 수행할 때 그대로 실천했다. 군단 예하 타 사단 수색대대와 경쟁해서 순위를 정하는 평가였지만 개의치 않았다. 현행작전, 특히 적과 대치해서 매일 작전을 수행하는 부대에서 평가를 위해 별도의 시간을 내서 준비하도록 강요하고 싶지 않았다. 그리고 그 평가가 우리 대대의 순위를 정하는 것이 아니라 대대장을 평가하는 것이고 대대장 기록으로만 남는다는 것은 나뿐 아니라 대대의 간부들은 모두 알고 있었다. 대대원들이 알고 있는 것을 외면하고 평가에 집착했다면 설사 좋은 평가를 받았다 하더라도 그것은 상처뿐인 영광이었을 것이다. 결국 대대평가 결과는 최상은 아니었다. 하지만 그것보다 현행작전 간 내 부대원들이 임무를 수행하고 부대로 안전하게 복귀하는 것에 제일 우선을 두었던 것이기 때문에 지금도 후회하지 않는다. 그리고 본질에 충실했던 우리 수색대대는 연말에 사단 직할부대 우수부대로 선정될 수 있었고 나 역시 3년 후 대령까지 진급하는 영광을 얻었다.

◆ ◆ ◆

"내 비밀은 이런 거야. 매우 간단한 거지.
오직 마음으로 보아야만 정확히 볼 수 있어.
가장 중요한 것은 눈에 보이지 않는 법이야."

프랑스 작가 생텍쥐페리, 《어린 왕자》 中에서

눈에 보이는 것에 집중하면
소중한 것을 잃는다

사람들은 위험을 느낄 때 대체로 가용성 휴리스틱(Availability heuristic)의 영향을 받는다. 가용성 휴리스틱은 심리학 용어로 의사결정이나 확률을 추정하는 과정에서 최근에 많이 접했거나, 가장 빨리 떠오르는 사건, 정보, 사례에 근거해서 판단하는 인지적 경향성을 의미한다. 예를 들어, 최근 뉴스에서 열차 사고나 어린이 납치에 대한 기사를 많이 접한 사람은 실제 통계치보다 열차 사고나 어린이 납치가 일어날 확률을 높게 평가하는 경향이 있다. 이는 미디어에 노출된 내용이 머릿속에 각인되어 나타나는 현상으로, 해당 사건에 대한 노출 빈도와 함께 사건 자체가 주는 강렬함이 판단에 영향을 준 것으로 볼 수 있다. 머릿속에 떠오르는 정보, 즉 사람은 '가용(availabe)'한 정보에 근거하여 판단을 한다는 것이 이 개념의 핵심이다.

크게 이슈화된 사건(자동차 사고, 태풍, 홍수 등)의 사망자 수를 과대평가하는 반면, 그렇지 않은 사건(뇌졸중, 심장병, 위암 등)의 사망자 수는 과소평가하는 경향을 보인다. 직접적이고 개인적인 경험이 위험을 인식하는 데 중요한 역할을 하는 것이다. 실제로 위험에 대한 인식 차이는 캐스 선스타인의 《누가 진실을 말하는가》에서 언급한 2004년에 미국인과 캐나다인을 대상으로 실시한 테러와 사스 관련 연구에서 두드러진다. 연구 결과 미국인은 9.11테러 여파로 테러가 사스보다 전 세계인에게 훨씬 더 큰 위협이라고 생각한 반면, 캐나다인은 사스로 인해 많은 수의 희생자가 발생하여 사스가 테러보다 더 큰 위협이라고 생각했다. 당시 사스로 미국은 감염자 73명, 사망자가 0명이었으나 캐나다는 감염자 251명, 사망자가 44명으로 치사율이 18%였다. 심각한 피해를 입을 가능성에 대해서도 미국인은 테러 8.27%, 사스 2.18%로 예상하여 약 4배 차이가 난 반면, 캐나다인은 사스 7.43%, 테러 6.04%로 사스가 더 높았다.

두 이웃 국가의 이러한 현격한 차이는 가용성 휴리스틱으로 설명할 수 있다. 미국은 9.11테러 직후 몇 년 동안 끊임없이 테러에 대한 위기감이 조성된 반면 사스는 사망 사례가 없어 테러보다 심각하게 인식되지 않았다. 이와 반대로 캐나다는 비슷한 시기에 사스 관련 사망 소식이 언론을 통해 만연하면서 '내 가족, 이웃이 사망할 수 있다'는 인식에 따라 더 위협적으로 느껴진 것이다.

2020년에 발생한 코로나19 역시 우리 삶의 많은 것들을 바꾸어 놓았고, 많은 감염자와 사망자가 발생했다. 수많은 주변 사람들이 감염되는 것을 보며 '내가 걸리게 되면 혹시 죽지는 않을까?'라는 두려움이 급속도로 확산되기도 했다. 코로나19에 대한 공포는 우리나라뿐 아니라 전 세계적으로 확산되었으며, 우리나라는 식당 인원수 제한은 물론 3년 가까이 마스크를 의무적으로 착용하기도 했다.

난 이러한 사람들이 느끼는 심리적인 부분인 '가용성 휴리스틱'을 전쟁터와 같은 삶에 적용해보면 어떨까? 하는 생각이 들었다. 그리고 《손자병법》에 관련 구절을 찾아보니 유사한 내용이 담겨있는 부분이 있었다.

孫子兵法   5편 세편

적을 아측의 의도대로 움직이게 만드는 사람은 짐짓 아측의 불리한 형을 적에게 보여주니 적이 이에 따라 움직이게 되고, 일전 유리하게 보이는 점을 적에게 내어주니 적은 이를 취하게 된다.

이같이 이익되는 점을 보여줌으로써 적을 움직여, 미리 준
비된 병력으로 기습할 기회를 기다리는 것이다.

우리는 삶을 살아가면서 주변 사람들에게 멋진 모습만을
보여주고 싶어 한다. 공부 잘하는 모습, 돈이 많아 부유한 모
습 등 능력 있는 사람처럼 각인되기 위해 노력한다. 그리고
나의 경쟁자에게는 강한 모습만을 보여주고 싶어 한다. 즉, 어
떻게든 약한 모습은 감추려고 노력한다. 이는 나뿐 아니라 경
쟁자도 마찬가지일 것이다. 서로 간의 기싸움에서 약한 모습
을 보여주고 싶은 사람이 누가 있겠는가?《손자병법》은 이러
한 부분을 역이용하라고 충고한다. 즉, 적에게 나의 약점처럼
보이는 것을 의도적으로 노출시켜 적이 이를 기회라 생각하
고 행동하도록 만들면 그때 나에게 유리한 기회가 온다는 것
이다.

그러나 이러한 방법은 나만 알고 있는 것은 아니다. 상대방
도 똑같이 우리에게 적용할 수 있기 때문에 역으로 내가 당할

수 있다. 적을 이기고 싶은 마음이 가득하기에 조금이라도 적의 허점을 발견하고 바로 공격해서 승부를 보려고 하다 보면 적이 파놓은 함정에 쉽게 걸려든다. 그렇다면 어떻게 해야 눈에 보이는 것에 집착하지 않고 진짜와 가짜를 구별해낼 수 있는 판단력을 가지고 승리를 할 수 있을까?

사람마다 다양한 능력과 노하우가 있겠지만 난 3가지를 강조하고 싶다. 첫 번째, 정보는 많다고 해서 무조건 도움이 되는 것이 아니라는 것이다. '정보는 많으면 많을수록 좋은 것 아닌가?'라고 생각할 수 있다. 물론 정보는 많으면 좋다. 하지만, 정보의 퀄리티와 적시성 측면을 고려했을 때 무조건 많은 것이 꼭 만능키라고 할 수 없다. 앞 장에서 언급했던 콜린 파월은 '정보는 40~70% 정도 가지고 있을 때 결심하라'고 했다. 수집된 정보가 너무 제한되면 오판할 수 있고, 많은 정보에 욕심을 내다 보면 적시성을 놓칠 수 있기 때문이다.

두 번째는 '병아리 감별사'와 같은 능력을 갖추기 위해 노력해야 한다는 것이다. 병아리 감별사는 태어난 지 얼마 안 된 병아리를 보고 3초에서 5초 이내 암수를 구분하는 직업이다. 1시간에 6,000마리 이상의 병아리 성별을 감별할 수 있어야 하고 97~98%의 정확도를 요구한다고 한다. 하는 일 자체가 어렵지는 않지만 엄청난 집중력과 노력이 필요하기 때문에 패기만으로는 할 수 없는 직업이기도 하다. 삶을 살아가면서 패기만으로는 해결할 수 없는 일이 많다. 때로는 패기가 넘쳐 중요한 일을 그르치기도 한다. 넘쳐나는 정보들 속에서 신속하게 진짜와 가짜를 구별할 수 있는 집중력과 노력이 필요하다.

마지막 세 번째는 '여유'다. 수많은 정보도 필요하고 집중력과 노력도 중요하다. 그러나 여유를 가지지 못하면 성공할 수 없다. 여유를 가지려면 나 자신을 믿어야 하고, 전체적인 흐름을 볼 수 있어야 한다. 마치, 장기를 둘 때 상대방의 말들 중에서 내가 죽일 수 있는 것이 발견되자마자 행동으로 옮기면 당장은 적의 말을 하나 죽인 것에 만족하겠지만 2~3수 지나게 되면 나는 전투력이 더 높은 말을 잃게 된다. 상대방이 파놓은 함정에 빠진 것이다. 눈앞에 포착된 먹잇감에 빠져들기보다 여유를 가지고 전체 국면을 바라볼 수 있어야 한다. 서로 이기려고 하는 승부인데 갑작스레 먹잇감이 내 눈앞에 택배 도착하듯이 나타날 수는 없기 때문이다. 물론 이 여유를 가지고 행동하려면 '정보'와 '집중력과 노력'이 필수다. 3가지 없이 여유를 가진다면 나 자신을 너무 믿는 자만심에 취해 있거나 그 반대의 우유부단함일 가능성이 더 크다.

눈앞에 보이는 것은 잘 보이고 명확해 보이지만, 보이지 않는 것은 마치 코로나19처럼 막연하다. 그러나 잘 보이는 것이 꼭 진실은 아님을 기억하자. 사람이라면 '가용성 휴리스틱'과 같은 심리에 자연스레 반응할 수 있다. 그보다는 보이지 않지만 중요한 본질에 집중하기 위해 노력하자. 이러한 과정을 통해 남이 파놓은 함정에 빠지지 않고 내가 추구하는 것을 얻을 수 있다.

◆ ◆ ◆

"눈에 보이지 않는 것보다는 마음이 보이지 않는 쪽이 두렵다."

탈무드

孫子兵法

전쟁을 하고자 할 때는 적의 의도를 따르면서 순순히 응해주며
적과 같은 방향으로 움직이다가 천 리를 행군하여
적의 장수를 죽이는 것이니 이를 일컬어 교묘함으로
능히 일을 성취하는 것이라고 부른다.
적군이 문을 열면 반드시 재빠르게 들어가서
먼저 적국의 중요한 요지를 공격하되 적과 싸움을 하지 않고
은밀히 적을 따라 움직이다가 때가 되면 결전을 치르는 것이다.

孫子兵法

4

《손자병법》이 알려주는
싸우지 않고 이기는 7가지 지혜

병법의 본질은 상대방을 속이는 것이다.

孫子兵法

시력은 있지만 비전이 없다면
맹인의 삶과 같다

孫子兵法   1편 시계편

병법의 본질은 상대방을 속이는 것이다.

병 자   궤 도 야
兵者, 詭道也.

상대방과 싸우지 않고 이길 수 있는 지혜의 첫 번째 문장이 '상대방을 속이는 것'이라니? 가장 중요한 것이 '속이는 것인가?'라고 반문할 수 있다. 또, 수단과 방법을 가리지 않고 이기기 위해 '상대방을 속이는 게 뭐 어때?'라고 생각할 수도 있다. 아마도 손자는 생명을 앗아가고 국가가 망할 수도 있는 전쟁터에서 내가 상대방을 속이지 않으면 내가 속아 패배하

는 것을 막는 것이 중요하다는 것을 강조하고 싶었던 것 같다. 그러면서, 상대방을 속이는 방법을 친절하고 구체적으로 설명해 주었다.

孫子兵法   1편 시계편

능력이 있으면서 능력이 없는 것처럼 보이고, 쓸 생각이 있지만 쓰지 않는 것처럼 보이고, 먼 곳에 있지만 가깝게 있는 것처럼 보이고, 가깝게 있지만 먼 곳에 있는 것처럼 보인다.

적에게 이로움을 보여주어 적을 유인하고, 혼란스럽게 만듦으로써 적에게 승리하는 것이다.

적이 충실하면 단단히 지키고, 적이 강하면 피한다.

적을 화나게 만들어 교란하고, 비굴하게 보여서 적을 교만하게 만들고, 적이 편안하면 피로하게 만들고, 적이 단결되어 있으며 그 단결을 와해시킨다.

적이 준비가 되어 있지 않은 곳을 공격하고 적이 예기치 않는 곳에 나아가는 것이다.

이렇게 상황에 따라 용병을 하는 것이 전쟁을 아는 사람의 승리이니 미리 어떻게 하는 것이라고 정형화하여 말할 성질의 것이 아니다.

能而示之不能 用而示之不用 近而示之遠 遠而示之近

利而誘之 亂而取之 實而備之 強而避之

怒而撓之 卑而驕之 佚而勞之 親而離之 攻其無備

出其不意 此兵家之勝 不可先傳也

위 12가지의 내용은《손자병법》전체에 언급된 싸우는 지
혜들을 압축해 놓은 것이라고 할 수 있다. 내가 무엇인가를
얻고자 한다면 치밀한 계획, 즉 비전을 세워야 한다. 그 비전
을 달성하기 위해 상대방이 나의 능력과 의도, 상태를 잘못
알고 행동하도록 유인해야 한다. 속임수에 넘어오지 않을 경
우 내가 속아 넘어가지 않도록 해야 한다. 상대방이 나의 속
임수에 넘어올 경우 상대방이 대응하지 못하는 시기에 기습
적으로 다가가 승리하는 것이다. 상대방과의 마찰을 최소화
한 상태에서 원하는 것을 얻는 것이다.

결국 내가 승리를 하기 위해서는 상대방을 흔들어 놓아야
한다. 제대로 흔들려면 상대방을 속일 수 있어야 한다. 올림픽
탁구 경기에서도 팽팽한 경기가 진행되다가 점수 차가 뒤지
고 있던 한쪽이 변칙 서브를 하거나 강하게 스매싱하는 찬스

에서 네트만 살짝 넘겨 점수를 획득할 때가 있다. 이렇게 상대방을 한두 차례 흔들어 놓고 나면 오히려 앞서가는 선수들이 당황해서 제대로 된 실력을 발휘하지 못하고 전세가 역전되는 경우를 종종 보게 된다.

나는 항상 지고 있다가 역전하는 주인공일까? 상대방도 나에게 변칙 플레이, 즉 속이는 행동으로 나를 당황하게 하는 경우는 없을까? 항상 주의하고 경계하지 않으면 내가 속임을 당하고 상대방이 원하는 대로 이끌려갈 수밖에 없다.

또한, 나를 속이는 사람이 꼭 외부에만 있지는 않다는 것을 간과해서는 안 된다. 내가 속한 조직에는 내가 추진하는 것을 질투하거나 부정적으로 바라보는 인원들이 항상 있다. 본인들보다 앞서가는 것이 싫은 것이다. 회사 입사 동기가 될 수도 있고, 선배 또는 후배가 될 수도 있다. 그 인원들도 어떻게 보면 나의 잠재적인 경쟁자인 것이다. 생각해보면 직장생활하면서 다른 회사의 동일한 직급의 누군가를 경쟁자로 생각한 적이 있는가? 그렇기보다 우리 회사 입사 동기나 선후배가 나의 경쟁자라고 생각하고 있지 않은가? 그러한 그들과 서로 상처를 주지 않으면서 내가 얻고자 하는 것을 얻기 위해서는 어떻게 슬기롭게 해야 할 것인가에 대한 고민이 필요하다.

예를 들어보자. 당신은 현재 태양광 에너지 A 회사 과장이다. 국가에서 신규 에너지 개발 프로젝트를 추진할 업체를 공고했으며 A, B 2개 업체가 최종 후보로 압축되었다. 국가에서는 3개월 뒤 최종 업체를 선정할 예정이다. 회사에서는 프로젝트를 효과적으로 추진하기 위해 3명의 과장들 중 팀장을 한 명 선발하기로 했다. 팀장으로 선발된 후 프로젝트 업체로 선정되어 잘 수행만 한다면 승진을 할 수 있는 절호의 기회다.

그렇다면 당신은 무엇을 어떻게 할 것인가? 상급자들 중 같은 학교, 고향 출신들을 찾아갈 것인가? 아니면 다른 2명의 과장 흠집을 부풀려 여기저기 소문낼 것인가? 그런 것들은 고전적 방법이고 어느 정도 효과를 볼 수도 있다. 그러나 그 효과 이상의 부작용이 많을 수 있다는 것을 명심해야 한다. 그들도 인맥을 이용할 수 있고, 당신에 대한 흠집을 소문낼 경우 그야말로 진흙탕 싸움이 될 것이다. 회사 분위기를 저해하는 3명의 과장들을 바라보는 시선 또한 곱지 않을 것이다. 결국 장기적으로 보면 3명 모두에게 부정적으로 영향을 미칠 것이다.

손자는 상대방이 나의 능력과 의도, 상태를 제대로 알지 못하게 하라고 했다. 당신은 이번 프로젝트를 위해 오래전부터 국내뿐 아니라 세계적으로 유사한 프로젝트 사례를 연구하는 등 많은 준비를 해왔다. 그렇다면 이를 다른 과장들에게 자랑하거나 떠벌릴 것인가? 당신이 앞서 있다고 한번 이야기하면서 우쭐댈 수는 있지만 프로젝트 팀장 자리는 다른 과장이 차지하게 될 것이다.

상대방이 자신을 낮추고 당신을 교만하게 만들어 그들이 얻고 싶어 하는 것을 얻었기 때문이다. 상대는 일부러 당신에게 부족한 척 행동하며 당신을 안심시키고 계속 당신을 칭찬했을 것이다. 당신 스스로 '역시 팀장 자리는 내 자리야'라는 생각을 들게 한 것이다. 결국 당신은 상대방에게 속아 넘어간 것이다.

볼 줄 아는 눈이 있었으나 나만의 계획, 즉 비전을 가지고 신중하게 행동하지 않았기에 내 앞에서 벌어지고 있는 것을 볼 수 없는 맹인이 된 것이다. 오히려 맹인들은 보는 것만 제한될 뿐 청각과 손끝 등 다른 감각이 발달되어 있어 현상을 올바르게 인식할 수 있으나 나는 교만에 사로잡혀 그 어느 것도 느끼지 못하고 상대방에게 속은 것이다. 《손자병법》은 나만 몰래 볼 수 있는 비법서가 아니다. 누구나 볼 수 있고 누구나 적용할 수 있음을 명심해야 한다.

내가 얻고자 하는 것이 있다면 올바른 '비전'을 세우고 차분하게 추진해야 한다. 상대방과의 경쟁에서 승리해서 쟁취해야 하는 것이라면 더더욱 그렇다. 상대방을 제대로 속일 수 있어야 한다. 즉, 상대방을 흔들 수 있어야 한다. 나의 부족함을 일부러 보여주며 상대방이 본인의 능력에 만족할 수 있도록 해야 한다. 그때가 기회다. 과감하게 접근해서 내가 얻고자 하는 것을 얻으면 된다. 《걸리버 여행기》의 저자였던 조너선 스위프트는 '비전은 남들에게 보이지 않는 걸 볼 줄 아는 기술'이라고 했다. 눈에 보이지는 않지만 중요한 '비전'을 갖도록 노력하라.

◆　◆　◆

"명확한 목적이 있는 사람은 가장 험난한 길에서조차도
앞으로 나아가고 아무런 목적이 없는 사람은
가장 순탄한 길에서조차도 앞으로 나아가지 못한다."

영국 비평가, 토머스 칼라일

상대방의 진짜 마음을 읽고
공략하라

최상의 용병술은 사람의 마음을 공략하는 것이다.

용 병 지 도 공 심 위 상
用兵之道 攻心爲上

《삼국지》

《손자병법》이 아닌 《삼국지》에 나오는 문장이다. 이렇듯
《삼국지》뿐 아니라 수많은 책에서 상대방의 마음을 공략함으
로써 필요한 것을 얻어야 한다고 강조하고 있다. 그렇다면
《손자병법》에서는 '상대방의 마음'과 관련된 내용을 어떻게
언급하고 있을까?

전군은 적의 기를 빼앗아버릴 수 있고, 장군은 적장의 마음을 흔들어 놓을 수 있다.

무릇 아침에 사람이 그러하듯 일어나는 기는 예리하고 낮에 사람이 그러하듯 시간이 흐르면 그 기는 나태해지고 저녁에 사람이 그러하듯 저무는 기는 돌아가 쉬고 싶어진다.

그러므로 용병을 잘하는 사람은 적의 사기가 왕성할 때는 공격을 피하고, 나태해지고, 쉬고 싶어하는 적을 공격한다. 이것이 기를 다스리는 방법이다.

다스려진 것으로 혼란한 것을 치고, 안정된 것으로 적의 소란하고 흥분된 것을 치니 이것은 마음을 이용하는 방법이다.

삼 군 가 탈 기 장 군 가 탈 심
三軍可奪氣 將軍可奪心

시 고 조 기 예 주 기 타 모 기 귀
是故 朝氣銳 晝氣惰 暮氣歸

고 선 용 병 자 피 기 예 기 격 기 타 귀 차 치 기 자 야
故善用兵者 避其銳氣 擊其惰歸 此治氣者也

이 치 대 란 이 정 대 화 차 치 심 자 야
以治待亂 以靜待譁 此治心者也

이 근 대 원 이 일 대 로 이 포 대 기 차 치 력 자 야
以近待遠 以佚待勞 以飽待饑 此治力者也

무 요 정 정 지 기 물 격 당 당 지 진 차 치 변 자 야
無邀正正之旗, 勿擊堂堂之陳 此治變者也

이 문구를 여러 번 읽다 보면 수많은 병법서 중에서《손자병법》을 왜 최고라고 하는지를 알 수 있다.《손자병법》은 단순히 '상대방의 마음을 공략해라'로 끝나지 않고 사람이라면 누구나 느낄 수 있는 심리 상태를 통해 공감대를 형성하고 구체적으로 설명했다.

사람들은 푹 자고 일어난 다음 날 아침에 상쾌하고 기분이 좋다. 열정이 넘치고 무엇이든 할 수 있을 것 같다. 이 시기는 적들이 하나로 뭉쳐 전의를 불태우는 등 사기가 왕성한 것과 유사하다. 점심 식사를 하고 난 뒤에는 아침의 상쾌함과 열정 대신 나른함이 몰려온다. 적들도 왕성한 사기가 일부 꺾이고 나태해지는 시기다. 해가 지는 저녁이 되면 하루 종일 일했던 피로가 몰려와 집에 가서 쉬고 싶어 한다. 이때는 공격을 받아도 제대로 대응을 할 수 없을 정도로 휴식이 필요한 시기다.

결국 상대방의 심리 상태가 현재 아침, 낮, 저녁 중 언제인가를 판단한 후 내가 어떻게 하면 상대방의 마음을 이용하여 원하는 것을 얻을 수 있는가를 판단하는 것이다. 그렇다면 여러분은 과연 누구의 심리 상태를 가장 잘 파악해야 할까? 사회생활을 하고 있는 대부분은 바로 본인이 속한 조직의 상급자, 즉 직장 상사일 것이다. 물론 연인관계를 시작하려고 하는 이는 상대편의 심리가 더 중요할 수 있지만 그 부분은 논외로

하겠다. 직장 상사가 특정 분야에 대해 보고서를 쓰라고 지시하면 그때부터 고민이 시작된다. '한글과 파워포인트 중 어떤 양식으로 작성해야 할지? 1장이면 되는지, 그렇지 않다면 몇 장으로 할지? 보고서를 작성한 후에는 언제 어떤 방법으로 보고해야 할지? 보고 들어가기 전 상사의 기분은 어떤지?' 등 직장생활을 하는 사람이라면 누구나 항상 고민하는 부분이다.

이에 대해 최고의 경영학자 중 한 명이었던 피터 드러커는 《손자병법》에서 사람의 일반적인 심리 상태를 언급한 것처럼 《미래를 읽는 힘》에서 직장 상사의 심리 상태를 구체적으로 기술했다.

"상사란 괴물도 아니고 천사도 아니다. 바늘로 찌르면 붉은 피가 흐르는 평범한 인간이다. 상사는 자신의 일에 정신이 온통 팔려 있어 부하의 마음을 헤아려 줄 거라 기대하지 마라. 상사에게 보고를 할 때 나에게 좀 더 시간을 할애해줄 거라 기대하지 마라. 상사는 오히려 부하를 위해 너무 많은 시간을 소비하고 있다고 생각할 정도이다."

이 글을 대학교 때 처음 접했으니까 20여 년이 지났지만 아직도 '상사는 괴물도 천사가 아닌 바늘로 찌르면 붉은 피가 흐르는 평범한 인간'이라는 문장은 강렬하게 나의 머릿속에 남아있다. 그 당시에는 '상사들이 월급도 많이 받고 높은 직책에 있으니까 좀 더 직원들의 마음을 헤아려주고 많은 시간 같이 고민해주어야 하지 않나?'라고 생각하며 그러한 상사들은 인정사정없다고 생각했다.

그 후 나는 20년 넘게 군 생활을 했다. 나 역시 보고서 작성 후 상급자에게 보고하기 위해 어떠한 양식으로 할지, 사진은 몇 장을 넣고 분석한 내용에 어떤 부분을 넣어야 할지 등을 항상 고민했고 지금도 마찬가지다. 그런데 내가 영관급 장교가 되어 대대장, 사단 참모 등의 직책을 수행하면서 피터 드러커의 '상사'와 같이 행동한 적이 있음을 깨닫고 반성했다. 그리고 그러한 상사들의 마음을 조금은 이해하기도 했다. 어느 조직이나 계급 구조 특성상 피라미드 최정점인 꼭대기에 있지 않은 이상 결국 회사의 과장, 차장, 부장, 이사, 상무, 전무 등 모두 누군가의 '상사'이기도 하지만 누군가의 '부하'이기 때문이다.

또한, 피터 드러커는《미래를 읽는 힘》에서 상사의 심리 상태를 언급한 후 '상사를 다루는 법'이라는 과감한(?) 표현까지 써가며 상사에게 보고할 때 유의해야 하는 부분을 기술했다.

"상사의 유형이 청각형(부하 말을 듣고 결심)과 시각형(문서 보고 결심) 중 어떤지 파악하여 말과 보고서 중 어떤 것에 초점을 맞춰야 하는지 결정해야 한다. 상사를 변화시키려고 하지 마

라. 지금까지 상사를 변화시키는 데 성공한 비서는 없다. 상사를 놀라게 하지 마라. 사전에 보고하지 않으면 오해를 사거나 치명상을 입을 수 있다. 타이밍이 중요하다. 항상 상사의 시간 관리를 염두에 두고 자신이 상사의 시간 관리를 해야 한다. 상사에게 갈 때는 당황하며 허둥대지 않도록 철저하게 준비하라. 1분 만나려면 10분 이상 준비하는 등 10배의 시간을 투자하라."

나 역시 피터 드러커가 언급한 부분을 머릿속으로 이해는 하고 있지만 실천을 제대로 하지 못하고 있다. 그러나 나의 상급자의 심리 상태와 보고할 때 유의해야 하는 부분을 알고 노력하는 것과 그냥 지내는 것은 큰 차이가 있다.

무엇보다 나의 상사는 어떤 방식의 보고를 선호하는지 파악해야 한다. 내가 대대장 직책을 수행할 때 사단장님 두 분을 모셨다. A사단장님께서는 보고 시 보고서를 읽지 않고 덮으신 뒤 얼굴을 바라보며 구두로 보고를 받으셨다. 궁금한 것은 바로 물어보셨고, 세부적인 데이터가 필요할 때 보고서를 보시면서 확인했다. B사단장님께서는 긴급한 내용이 아니면 서면으로 보고를 받으셨다. 보고서에 담긴 내용을 꼼꼼하게 읽으시고 검토해주셨다. 질의하실 내용은 보고서에 써서 회신해 주셨다.

두 분을 모시며 보고를 드릴 때 느꼈던 점은 나의 지휘관이 어떤 유형의 보고를 선호한다 하더라도 그 보고서의 내용, 즉 본질은 변하지 않는다는 것이다. 그러나 지휘관이 현재 오전, 낮, 저녁 중 어느 심리 상태인지를 아는 것은 중요하다. 가볍게 결심할 내용과 시간을 갖고 오랫동안 검토해야 할 내용을 구분하기 위해서다. 12,000여 명이 넘는 사단 장병들을 모두 챙기셔야 하는 사단장님께서 내가 보고하는 것보다 다른 중요한 보고를 몇 차례 보고 받으신 뒤 보고 받으신다면 가볍게 보고드릴 내용 위주로 보고드리고, 그렇지 않고 여유가 있으실 때는 부대의 방향을 검토하는 내용 등 무거운 내용을 보고드리고자 했다.

또한, 지휘관을 놀라게 하지 않기 위해 노력했다. 보고서를 통해 처음 인지시켜드리는 것이 아니라 그전부터 다른 부분 보고드릴 때 같이 포함해서 문자, 메모, 유선 등 다양한 방법으로 사전에 인지시켜드리고 방향성을 맞추고자 했다. 내가 모시는 상사의 진짜 마음을 읽고 내가 보고하는 내용을 결심받을 수 있다면 내가 상대해야 할 경쟁자의 마음을 읽는 것은 더 쉬울 것이다. 상대방이 진짜 원하는 것을 읽고 협상을 통해 공략한다면 내가 원하는 것을 얻을 수 있을 것이다.

하버드 공개 수업 연구회가 펴낸《하버드 협상 강의》에서는 상대방의 마음을 잘 이용하면 훌륭한 협상가가 될 수 있다고 강조했다. 협상학 강의에서는 '상대방 뱃속의 회충이 될 수 있다면 졸업해도 좋다'라는 우스갯소리가 자주 등장한다. 상대방의 입장에서 문제를 바라보고 충분히 이용할 줄 알면 이미 훌륭한 협상가라는 의미이다.

당신은 상대방 뱃속의 '회충'이 될 준비가 되어 있는가?

◆ ◆ ◆

"부드러운 말로 상대를 설득하지 못하는 사람은
위엄있는 말로도 설득하지 못한다."

러시아 극작가, 안톤 체호프

孫子兵法

손에 쥐고 있는 칼을 놔야
악수할 수 있다

악수는 일반적으로 가장 기본적인 예절 중 하나로 서로 반
갑게 인사를 하거나 화해를 할 때 한다. 악수의 기원은 여러
가지가 있으나 손에 무기가 없다는 것을 증명하기 위해 악수
를 했다는 설이 유력하다고 한다. 따라서, 악수는 단순히 손만
잡는 것이 아니라 상대방에게 적대적인 의사표현이 없음을
나타내는 비언어적 소통의 하나이다.

상대방과 싸울 수밖에 없는 상황이 올 때는 싸워야 한다.
그리고 이겨야 한다. 그러나 싸워야만 하는 상황이 오지 않도
록 서로 손에 쥐고 있는 무기를 버리고 악수를 하면서 얻고자
하는 것을 얻을 수 있는 방법은 없을까?

백 번 부딪쳐서 백 번 이기는 것이 최상의 용병법이 아니라
싸우지 않고도 적을 굴복시키는 것이 최상의 용병법이다.

백 전 백 승   비 선 지 선 자 야   부 전 이 굴 인 지 병   선 지 선 자 야
百戰百勝, 非善之善者也. 不戰而屈人之兵, 善之善者也.

《손자병법》에서 적과 싸우지 않고 이기는 방법이 최상의
용병법이라고 직접적으로 표현한 문장이다. 그런데 백 번 싸
워서 백 번 이기는 것은 안 좋은 것인가? 스포츠 선수들이 상
대방과 싸울 때마다 승리하는 것이 멋지고 보기 좋아 보이던
데? 능력이 있으면 부딪쳐 싸우는 것이 좋은 방법 아닐까? 하
고 생각할 수도 있다.

그러나 국가가 하는 전쟁이나 내가 모든 것을 걸고 삶에서
승부하는 것은 스포츠 경기가 아니다. 권투선수는 30전 30승
을 하다가 1번 패한다고 그 선수의 삶이 끝나지 않지만 국가
와 개인의 삶은 다르다. 한 번의 패배로 국가가 망하고 내 삶
의 모든 것이 사라질 수 있다. 권투선수라 하더라도 30번 싸
우면서 피멍 들고 아픈 곳이 얼마나 많겠는가? 하물며 전쟁을
할 때마다 국가가 치러야 하는 비용, 내가 상대방과 경쟁하며

싸우고 원하는 것을 쟁취하면서 발생하는 기회비용 등을 생각해보라. 그야말로 '상처뿐인 영광'인 것이다.

《손자병법》에서는 용병, 즉 싸우는 방법을 단계별로 구분하며 가장 좋은 방법부터 가장 나쁜 방법까지 제시한다.

孫子兵法

최상의 용병은 적의 전략을 꺾는 것이고, 그 차선은 적의 외교관계를 혼란에 빠뜨리는 것이며, 그다음 차선은 적의 군대를 공격하는 것이고, 최하위의 용병은 적의 성을 공격하는 것이다. 용병을 잘하는 사람은 적의 군대를 굴복시키되 직접 부딪쳐 싸우지 않으며 적의 성을 빼앗되 이를 직접 공격하지 않으며, 적국을 정복하되 지구전의 방법으로 하지 않으며, 반드시 적을 온전히 보존한 채 이기는 방법으로써 천하의 권세를 다툰다. 이리하여 군대가 무너지지 않으면서도 그 이익은 온전하니 이것이 곧 모공, 즉 계략으로 적을 공격하는 법이다.

상 병 벌 모　기 차 벌 교　기 차 벌 병　기 하 공 성
上兵伐謨 其次伐交 其次伐兵 其下攻城
고 선 용 병 자　굴 인 지 병 이 비 전 야
故善用兵者 屈人之兵而非戰也

拔人之城而非攻也 毀人之國而非久也
必以全爭於天下 故兵不鈍而利可全 此謀攻之法也

나는 이 모공편의 문구들을 읽을 때마다 바둑과 장기를 둘 때의 내가 생각난다. 바둑이나 장기 그리고 체스를 해본 적이 있는가? 나는 잘 두지 못하는 하수다. 그래서 둘 때마다 내 앞에 있는 상대방의 바둑알 또는 말판을 잡는 데만 집중한다. 그런데 잡고 나면 항상 어디선가 상대방의 말판이 나와 나의 말판을 잡아버린다. 장기를 둘 때 운이 좋을 때는 상대방을 이길 때도 있다. 그러나 장기판과 체스판에 남아있는 말들이 거의 없다. 서로 잡고 잡히는 것에만 신경 쓴 탓이다. 어떨 때는 내가 더 많이 말판을 잡았음에도 불구하고 나의 왕을 뺏기고 지는 경우도 있다.

고수들은 굳이 상대방의 말을 잡아 없애려고 노력하지 않는다. 싸우고자 달려드는 나 같은 상대방을 역이용해 나의 급소를 향하기 때문이다. 나는 항상 내 말 앞에 무엇을 잡으려고만 했다. 그러다 보니, 큰 흐름을 놓치게 되는 경우가 많았다. 설사 운 좋게 이긴다 하더라도 상대방뿐 아니라 나의 말들도 많이 사라질 때가 다반사였다. 상대방은 명확한 전략을 가지고 임했지만 난 전략도 없이 상대방의 말 잡는 것에만 급급했던 것이다. 그러한 고수들과는 바둑이나 장기를 계속 두고 싶다. 같이 둘수록 하나라도 더 배울 수 있기 때문이다.

그러나 그와 실제 전투에서 싸우거나 사회에서 경쟁자로서 만난다면 피하고 싶다. 그보다 내공이 부족한 것을 내가 알고 있기 때문이다. 이를 우리는 보통 '접고 들어간다'고 한다. 질 줄 알면서 싸우는 것은 객기이다. 그만큼 고수인 상대방에게서 풍기는 아우라가 있기 때문이다. 《손자병법》에서 언급한 최상의 용병법인 싸우지 않고 적을 굴복시킨다는 것도 결국 경쟁자에게 나의 아우라를 풍겨야 가능하지 않을까?

2차 대전 당시 영국 총리였던 처칠은 "우리가 싸워 이길 수 있는 승리의 첫째 조건은 전투를 피하는 것이다. 둘째는 전투를 피할 수 없는 경우엔 승리를 얻는 것이다"라고 했다.《손자병법》 문구와 너무 유사하지 않은가? 독서광이었던 처칠도 분명 《손자병법》을 읽고 이를 적용하고자 했을 것이다. 그러나 영국은 2차 대전 동안 전투를 피하지 못하고 수많은 전투를 해야만 했다. 그럼에도 불구하고 왜 수많은 영국 국민들은 그를 존경하고 사랑했을까? 그것은 처칠이 '국민들은 무엇보다 소중한 아버지, 남편 그리고 아들을 전쟁터에서 잃기 싫어한다'는 것을 명확하게 알고 이를 지키기 위해 노력하고 있음을 국민들에게 열심히 홍보했기 때문이다.

물론 처칠은 승리의 첫째 조건을 지키지 못했지만 둘째 조건, 즉 전투를 피할 수 없을 때 승리를 얻기 위해 미국 등 우방국들이 적극적으로 전쟁에 참여하도록 하고 독일과 이탈리아 등 적국의 연대를 약화시키기 위해 역량을 집중했다. 결국 영국 국민들은 2차 대전에서 승리한 뒤 국민들의 생명과 재산을 보존하면서 미국의 막대한 자금과 병력을 투입하게 했던 처칠의 외교력에 박수를 보내준 것이다.

유태인 속담에는 "상대방을 물어뜯을 수 없다면 이빨을 드러내 보여서는 안 된다"고 했다. '내가 왜 상대방과 싸우려고 하는가?'를 생각해야 한다. 결국 내가 원하는 것을 얻고자 할 때 상대방과 경쟁해야 얻을 수 있기 때문이다. 앞에서 언급한 것처럼 모든 분야에 내가 앞서 있어 나의 아우라가 항상 상대방을 압도한다면 걱정할 필요 없다. 그러나 현재 사회는 많은 것들이 복잡하게 얽혀 있어 주고받는 경우가 많다. 서로 아쉬울 때가 분명히 있다. 그렇기 때문에 한 번의 전쟁, 한 번의 경쟁으로 모든 것이 판가름 나기는 어렵다. 주변국 또는 주변 지인들의 영향도 마찬가지다. 이때 한 번의 싸움에서 이기는 것은 당장에는 내가 앞서 있는 것처럼 느낄 수도 있지만 멀리 보면 언제라도 다음번 싸움에서 치명타를 입을 수 있다. 즉 나의 무기를 버리지 않고 악수를 거부한 대가를 치르게 된다.

◆ ◆ ◆

"빨리 가려면 혼자 가고, 멀리 가려면 함께 가라."

남아프리카공화국 최초의 흑인 대통령이자 인권운동가, 넬슨 만델라

내 앞의 장애물을
승리의 디딤돌로 만들어라

'집 떠나와 열차 타고 훈련소로 가는 날… 부모님께 큰절하고 대문 밖을 나설 때….'

故 김광석 님의 '이등병의 편지' 노래 가사이다. 20대 청춘이라는 이름만으로 아름다운 그 시기에 군대에 입대하는 심정을 잘 표현해서 입대하는 청년들이 대부분 한 번씩 부르고 군대에 입대한다. 나 역시 대학교를 자퇴하고 사관학교에 입교하기 전날 친구들과 술 먹고 노래방에서 불렀던 기억이 난다.

《손자병법》에도 입대는 아니지만 원정 출정 시 병사들의 마음을 표현한 구절이 있다.

출정 명령이 내려지고 나면 병사들 중에서 앉은 사람은 눈

여론조사 전문기관 '한국리서치'에서는 징병제 관련 '바람직하지 않다'는 의견이 만 18세부터 20대가 59%로 가장 높았다. 바람직하지 않은 이유를 물은 결과, '개인의 의사와 관계없이 병역 의무가 주어지는 것이 바람직하지 않다고 생각해서'라는 응답이 가장 높았다. 물론 병역은 국방의 의무를 다하는 것이다. 그러나, 1년 6개월 동안 부모님과 친한 친구들을 떠나 태어나 처음 가본 장소에서 처음 만난 사람들과 생활하는 것은 누구에게라도 어려운 일이다. '바람직하지 않다'는 인식을 가지고 있다가 군 생활을 시작한 이들은 통상 군대는 인생의 '장애물'이라 생각하고 빨리 시간이 지나가기만을 바랄 것이다.

나 역시 대대장 직책을 수행하기 전 가장 고민했던 부분은 "우리 대대원들이 어떻게 하면 전역할 때 군 복무 기간을 '장애물'이 아닌 '디딤돌'로 생각하고 전역할 수 있을까?"였다. 나는 병사 생활은 해보지 않았다. 그래서 솔직히 그들을 이해하려고 노력할 뿐이지 그들의 마음을 온전히 알고 있다고 함부로 이야기할 수 없다. 다만, 나의 부대원들이 입대하기 전보다 군 복무 기간 동안 한층 성장해 전역할 수 있었으면 좋겠다고 생각했다. 그래서 그 방안을 3가지로 제시했다. 첫 번째는 '인생계획서' 작성, 두 번째는 '나의 인생 이야기 및 꿈' 발표, 세 번째는 '동아리 활동'이었다.

첫 번째로 나를 포함한 전 대대원들이 자신의 '인생계획서'를 작성했다. 단순히 군 복무 기간 동안 어떻게 생활하겠다가 아닌 군 복무 기간 중, 전역 후, 10년 후, 20년 후, 30년 후까지 어떻게 살아갈 것인가에 대해서 어떠한 형식에 얽매이지 않고 작성하도록 했다. 부대원들은 한 장부터 수십 장까지 다양하게 작성했다.

두 번째는 일주일에 한 번씩 대대원 중 한 명이 대대원들 앞에서 자신이 살아왔던 삶과 꿈에 대해서 발표하는 시간을 가졌다. 사실 중·고등학교 때도 앞에서 발표하기를 다들 싫어하는데 부대원들 앞에서 발표하는 것이 쉬운 일인가? 그래서 내가 먼저 나의 삶과 꿈에 대해서 이야기했다. 고3 때 어머니께서 교통사고를 당하시면서 힘들었던 부분 IMF 당시 방황했던 시간을 대대원들과 함께 나누었다. 정신교육 시간에 대대원들 앞에서 교육을 한 적은 많았지만 내 삶에 대해 막상 이야기하니 쑥스러웠다. 그러나 내면의 나를 부대원들에게 보여주고 나니 부대원들과의 벽이 조금 더 낮아졌음을 느꼈다. 그다음 주부터 주저하던 부대원들도 한 명씩 발표를 했다. 다른 사람들 앞에서 자신의 삶을 이야기하고 꿈을 발표하는 것은 쉽지 않은 일이다. 그러나 나는 부대원들이 자신의 삶을 고민하고 정리하는 과정을 통해 한층 더 발전할 거라 믿고 있었다. 윈스턴 처칠도 '더 길게 되돌아볼수록 더 멀리까지 내다볼 수 있다'고 했다.

전역 전 용사들과 면담을 하면서 대대원들 앞에서 발표할 때 많이 떨렸지만 발표하고 나서는 발표하길 잘했다고 대부분 이야기했다. 또, 다른 용사들이 작성한 인생계획서를 보고, 다른 이들의 인생 이야기를 들으며 '같은 군복을 입지만 다들 많은 재능과 능력을 가졌구나'라는 것을 느꼈다고 했다. 실제로 부대원들은 군대에 입대하기 전에 국내 의대를 자퇴하고 '국경없는의사회'에 가입하고 싶어 이태리 의대를 준비하던 용사, 유명 게임 유튜버, 연예인, 프로 야구선수, 학원 강사, 헬스트레이너, 바리스타 등 너무나 다양한 삶을 살아왔었다.

셋째로, 나는 이러한 소중한 경험과 뛰어난 재능을 가지고 있는 인원들과 그러한 능력과 재능을 배우고 싶어 하는 이들이 모일 수 있는 동아리 활동을 추진했다. 지금까지 군 생활을 하면서 했던 동아리 활동은 대부분 실패했다. 간부 주도하에 실시하고, 몇 개 안 되는 동아리 중에서 즉흥적으로 선택해서 이루어지기 때문에 효과가 없었기 때문이다. 그러나 그 당시 추진할 때는 동아리장의 경우 계급과 상관없이 능력 또는 재능이 있는 인원이 맡았고, 시간과 장소도 일과 후 자율적으로 정했다.

가장 기억에 남았던 동아리는 모두가 선호하는 대학교를 다녔던 용사들과 유명 학원 강사 출신의 용사들 5명이 만든 공부 동아리였다. 수학능력시험을 준비하는 용사들을 위해 만들었는데 개인별 맞춤형 공부를 과목별로 해주었기 때문에 동아리에 가입해서 공부하는 용사들의 만족도가 굉장히 높았다. 그들은 일과 시간에는 군 복무를 하고, 일과 후에는 자신의 삶을 발전시키기 위해 그리고 꿈을 위해 동아리 활동을 하며 발전해 나갔다.

그러나 나는 알고 있다. 모든 대대원들이 전역할 때 군 생활을 '디딤돌'로 생각하지는 않았을 거라는 것을…. 처음 입대할 때 부정적이었던 마음 그대로 전역한 이들도 있을 것이다. 그렇다고 모두를 변화시키고자 무리하게 추진하고 싶지는 않았다. 모두를 변화시키려고 하는 것 자체가 나의 욕심이라는 것을 알고 있었다. 내가 추진했던 것은 그들의 삶과 꿈에 관런된 것이기 때문이다. 무리하게 추진했다면 반감이 더 커지고 역효과만 났을 것이다.

나를 포함한 여러분들의 삶은 소중하다. 그런데 그 삶에 태클을 거는 일들은 항상 차고 넘친다. 내가 넘어지기를 바라는 이들은 호시탐탐 나를 넘어뜨리려 할 것이다. 나에 대한 뒷담화도 할 것이고 공개적인 자리에서 핀잔을 주며 나를 깎아내리려 할 수도 있다. 때로는 얕은 태클을 걸며 괴롭힐 것이고, 기회가 된다면 내 발목이 부러질 정도의 심한 태클을 하기 위해 기다리고 있을 것이다. 이 상황에서 나는 어떻게 할 것인가? 회피하거나 대놓고 싸우는 것은 당장은 마음이 편할지 모르겠지만 궁극적인 해결책은 아니다. 회피하기보다 오히려 나 스스로를 강하게 단련하고 내공을 쌓아 몇 번의 얕은 태클 정도는 걸려 넘어지더라도 툭툭 털고 일어날 수 있어야 한다.

孫子兵法   11편 구지편

병사들은 더 이상 갈 곳이 없으면 결의가 굳어지고 적지에 깊이 들어가면 상황에 의해 구속이 되어 싸울 수밖에 없게 된다.

그러므로 그러한 군대는 일일이 이래라저래라 타이르지 않아도 스스로 대비하게 되고, 특별히 명령을 내리지 않아

도 서로 신뢰가 생긴다.

投之無所往 死且不北 死焉不得士人盡力
투 지 무 소 왕 사 차 불 배 사 언 부 득 사 인 진 력

兵士甚陷則不懼 無所往則固
병 사 심 함 즉 불 구 무 소 왕 즉 고

深入則拘 不得已則鬪
심 입 즉 구 부 득 이 즉 투

是故 基兵不修而戒 不求而得 不約而親 不令而信
시 고 기 병 불 수 이 계 불 구 이 득 불 약 이 친 불 령 이 신

《손자병법》에서도 힘든 곳에 다다르면 병사들 간 결의가 굳어지고 스스로 대비하고 신뢰가 생긴다고 했다. 지금 당장은 나를 힘들고 괴롭게 하는 것들이 나에게 장애물로 보일 수 있다. 그래서 불편하고 힘들 수 있다. 그러나 현실을 외면하지 않고 나의 장애물을 마주하고 하나하나 넘다 보면 결국 이겨낼 수 있다. 다만 내가 흔들리지 않으려면 확고한 목표의식이 있어야 한다. 자동차 회사 창설자였던 헨리 포드는 '장애물이란 목표에서 눈을 떼었을 때 보이는 무서운 것들이다'라고 했다. 힘들고 불안한 마음에 여기저기 둘러보면 또 누군가의 태클로 인해 넘어지게 된다. 똑바로 앞을 바라보고 나아가야 한다.

사회생활을 하는 우리는 목표한 바를 이루고자 할 때 다른

사람과 치열한 경쟁도 해야 하고 나 자신과의 싸움도 해야 한다. 미국 시인이었던 헨리 워즈워스 롱펠로는 '과녁을 맞히려면 약간 위를 겨누어야 한다. 땅은 모든 날아가는 화살을 끌어당기기 때문이다'라고 했다. 그렇다면 나는 끌어당기는 땅, 즉 나에게 태클을 걸어오는 장애물을 극복하기 위해서 과감하게 목표를 상향 조절하는 것이 어떨까? 목표는 원대하게 세우고 계획은 치밀하게 추진한다면 가능할 것이다. 그래야 장애물들로 끌어당김을 당하더라도 결국 내가 원하는 곳에 다다를 수 있지 않을까?

◆ ◆ ◆

"장애물을 만나면 이렇게 생각하라.
'내가 너무 일찍 포기하는 것이 아닌가?' 실패한 사람들이 '현명하게' 포기할 때, 성공한 사람들은 '미련하게' 참는다."

영국 비평가, 마크 피셔

孫子兵法

뫼비우스의 띠를
항상 생각하라

초등학교 때 색종이를 가지고 뫼비우스의 띠를 만들어 본 적이 있는가? 뫼비우스의 띠는 기다란 직사각형 종이를 한 번 비틀어 양쪽 끝을 맞붙여서 이루어지는 도형이다. 창안자인 뫼비우스의 이름을 딴 이 띠는 면의 안팎 구분이 없는 것이 특징이다. 뫼비우스의 띠라는 용어는 모르더라도 스스로 의도하지 않았지만 색종이를 가지고 놀다 보면 한 번씩은 만들어 보았을 것이다. 색종이를 한 번 비틀어 딱풀로 끝을 붙이면 완성되기 때문이다. 그런데 완성하고 나서 보면 어디가 시작이고 어디가 끝인지 알 수가 없다.

상대방과 경쟁 중인 당신은 상대방에게 나의 의도를 뫼비우스의 띠처럼 보이고 싶은가? 아니면 상대방의 의도를 뫼비우스의 띠처럼 전혀 알 수 없는 상태이고 싶은가? 《손자병법》

은 이를 '기(奇)'와 '정(正)'이라는 용어를 써서 언급한다.

무릇 전투라는 것은 정으로 맞서고 기로 승리하는 것이다.
기병을 잘 내는 사람은 변화가 천지와 같이 다함이 없고 강
과 하천과 같이 마르는 법이 없다.
싸움의 세라는 것은 기정의 두 가지 요소에 불과하지만 그
기정을 결합하여 운용하는 변화는 무한하다.
기가 정으로 되고 정이 기로 되는 기정의 변화는 마치 둥근
고리에 그 끝이 없는 것 같으니 누가 능히 다하게 만들 수
있겠는가.

범 전 자 이 정 합 이 기 승
凡戰者, 以正合, 以奇勝

고 선 출 기 자 무 궁 어 천 지 불 갈 여 강 하
故善出奇者 無窮如天地 不竭如江河

전 세 불 과 기 정 기 정 지 변 불 가 승 궁 아
戰勢 不過奇正 奇正之變 不可勝窮也

기 정 상 생 여 순 환 지 무 단 숙 능 궁 지 재
奇正相生 如循環之無端 孰能窮之哉

'정'과 '기'라는 용어가 낯설어서 그런지 전체적으로 무슨
말을 하는지 잘 와닿지 않을 수 있다. 쉽게 예를 들어 '정'과

'기'의 의미를 알아보자. 직장 동료 A와 점심밥 내기를 하려고 한다. 12시가 지난 시간이라 가장 빨리 승부를 결정지을 수 있는 '가위바위보'를 해서 5번 중 3번 이기는 사람이 밥을 얻어먹기로 했다. 4번을 했는데, 2번 이기고 2번 졌다. 마지막한 번 남았다. 그런데 직장 동료 A는 4번 연속 '주먹'을 냈다. 마지막 다섯 번째에도 '주먹'을 낼까? 아니면 내가 보자기를 낼 가능성이 높다고 생각하고 '가위'를 낼까? 여기서 '주먹'이 '정'이고, '가위'가 '기'라고 할 수 있다. 즉 지금까지 겉으로 드러나 있거나 패턴이 보여 예측 가능한 것이 바로 '정'이고, 예측하기 힘들고 기발하게 행동하는 것이 '기'인 것이다.

'정'과 '기'에 대한 의미를 이해했다면 다시《손자병법》문장을 읽어보고 의미를 정리해보자.《손자병법》은 '상대방과 경쟁을 할 때 이미 정해져 있고 드러나 보이는 힘에서 승부가 난다고 생각하지만 결국 승리는 생각지 못한 기발한 방법으로 쟁취하는 것'이라고 쓰여있다.

조금 더 깊이 들어가 보자.《손자병법》에서는 '기'와 '정' 2가지 요소를 가지고 잘 운용하면 무한한 변화가 있다고 했다. 즉 '기'가 '정'이 되기도 하고, '정'이 '기'가 되는 것이다. 이것은 또 무슨 말인가? 앞선 '가위바위보' 내기로 돌아가 보자. A는 마지막 승부처에서 4번 연속 냈던 '주먹' 대신 '가위'를 내면 지금과는 다른 것을 내는 것이기에 '기'라고 볼 수 있다. 그런데 나는 A가 예전부터 '가위바위보'를 할 때 항상 마지막 승부처에서 '가위'를 냈던 것을 기억한다. 그러면 이제 '가위'는 A에게 더 이상 기발한 '기'가 아닌 예측 가능한 '정'이 된다. 고민 끝에 나는 마지막 '가위바위보'에 '주먹'을 냈다. 그런데 A는 다섯 번째도 또 '주먹'을 내서 비겼다. '이게 뭐지?' 나는 당황스러웠다. 머릿속이 복잡해진 나는 얼떨결에 다시 '가위바위보'를 하면서 '보자기'를 냈다. 그러나 A가 '가위'를 냈고 승리는 A의 것이 되었다.

재미로 하는 가위바위보였고, 내가 졌으니까 A에게 맛있는 점심 식사를 사주면 그만이지만 다음번 내기할 때는 이기고 싶다. 그래서 그 과정을 다시 되짚어 보았다. 다섯 번째 A가 냈던 '주먹'은 예측 가능한 '정'이었나? 아니다. 기발한 방법으로 낸 '주먹'이었다. 즉 첫 번째부터 네 번째까지 냈던 '주먹'은 '정'이라고 할 수 있지만, 마지막에 냈던 '주먹'은 '기'라고 할 수 있다. 결국 나는 상대방 A의 의도를 정확하게 파악하지 못하고 헷갈려서 졌다. 마치 앞에서 언급했던 어디가 시작이고 끝인 줄 모르는 '뫼비우스의 띠'처럼 말이다.

단순한 '가위바위보'도 경우의 수가 이렇게 많은데 내 삶의 중요한 승부수를 띄워야 할 때 강력한 경쟁자와 치열한 혈투

없이 승리하려면 얼마나 많은 것을 고려하고 준비해야 할까? 그리고 어떻게 하면 경쟁자가 나의 '뫼비우스의 띠'를 보면서 헷갈리게 할 수 있을까?

마키아벨리는 《군주론》에서 "군주는 여우와 사자를 모방해야 한다. 사자는 함정에 빠지기 쉽고, 여우는 늑대를 물리칠 수 없다. 함정에 빠지지 않으려면 여우가 되어야 하고 늑대를 물리치려면 사자가 되어야 한다"며 군주로서 갖춰야 할 자세를 언급했다. 이러한 자세는 내가 경쟁자를 어떻게 대해야 할 것인가에 대해서도 적용할 수 있다. 즉 사자처럼 위엄 있고 용맹 있게 행동하는 것도 중요하지만 여우처럼 교활하게 행동할 수 있어야 경쟁자를 이길 수 있는 것이다. 사자의 힘과 여우의 지혜가 잘 나타나는 이솝우화가 있다.

사자가 늙어 몸이 자유롭지 못하게 되자 병든 척하고 동굴 안에 웅크리고 앉아서 병문안 오는 동물들을 잡아먹고 있었다.
어느 날 여우가 찾아왔으나 동굴 안으로는 들어오지 않아 사자가 그 이유를 묻자, 여우는 "안으로 들어간 동물의 발자국은 많으나 밖으로 나온 발자국은 하나도 없습니다"라고 대답했다. 이 소문이 퍼져 나가 어느 동물도 사자에게 만약 사자가 여우의 교활함, 즉 지혜를 가지고 있었다면 어떻게 행동했을까? 크게 2가지 방법이 있다. 제일 쉬운 방법은 병문안 오는 동물들이 눈치채지 못하도록 여우가 언급했던 동굴로 들어오는 발자국들을 다 지워버리는 것이다. 만약 동물들이 동굴 주변에 발자국이 아예 없는 것을 의심할 수도 있다고 생각이 되면 잔인한 방법이지만 동물들을 잡아먹을 때 다리만 남겨두는 것이다. 그리고 동굴 주변에 남겨놓은 다리들로 동굴에서 나가는 발자국들을 찍어놓는 것이다. 이렇게 하면 초원에서 동물들을 만날 때마다 힘들게 쫓아가서 잡아먹지 않아도 찾아오는 동물들을 쉽게 잡아먹을 수 있다. 사자도 동물들을 잡아먹지 못하면 굶어 죽을 수밖에 없는 생존의 문제이다. 고상한 방법이 아닌 잡아먹을 수 있는, 즉 이길 수 있는 방법을 계속 고민해서 먹잇감인 동물들을 헷갈리게 하는 것이다.

또 하나 고려할 요소는 사자가 원래 가지고 있는 강한 힘이다. 왜 동물들은 사자가 무섭다는 것을 알면서도 병문안을 갈 수밖에 없었을까? 그냥 안 가면 되지 않을까? 동물들은 사자의 강한 힘을 알고 있다. 만약 사자가 아프다고 하는데 병문안을 가지 않으면 미운털이 박힐 수 있다. 만약, 사자가 다시 빠르게 달리며 사냥할 수 있을 정도로 건강해진다면 미운털 박힌 동물들은 언제든지 초원에서 눈에 띄면 잡아먹힐 수 있다는 두려움을 가지고 있기에 병문안을 가는 것이다.

결국 사자는 원래 본인이 가지고 있던 '힘', 즉 영향력뿐만 아니라 부족했던 여우의 '교활함'까지 갖춤으로써 다른 동물들을 헷갈리게 할 수 있는 자신의 '뫼비우스의 띠'를 만들 수 있다. 예전처럼 초원에서 몰래 다가가거나 힘들게 뛰어다니며 고생할 필요가 없이 찾아오는 동물들을 계속 잡아먹을 수 있는 것이다.

그런데 여기서 우리가 간과하고 있는 것이 있다. 내가 사자인가? 만약 사자를 두려워하는 수많은 동물 중 하나라면? 사실 우리는 사자보다는 힘없는 동물 중 하나일 가능성이 더 높다. 그렇다면 나는 힘과 교활함까지 갖추고 있는 사자를 헷갈리게 해야만 살아남을 수 있다. 병문안을 갔던 다른 동물들이 다시 돌아왔는지를 알아보고 의심이 되면 병문안을 가면 안된다. 사자가 건강해져 잘 달릴 수 있다 하더라도 잡아먹히지 않도록 똑같은 길로 다니지 않아야 한다. 운이 나빠 사자를 마주쳤더라도 나를 끝까지 쫓아오지 못하도록 가는 길마다 내 몸만 겨우 빠져나갈 수 있는 가시덤불 구멍 등을 준비해 놓아야 살 수 있다.

사회도 마찬가지다. 나에게 강한 영향력을 행사하려는 상급자나 경쟁자가 있다면 무작정 끌려가서는 안 된다. 정신 바짝 차리고 나만의 '뫼비우스의 띠'를 만들어 그들에게 보여주고 헷갈리게 해야 한다. 복잡하게 생각하지 말고 그들이 나를 속이려고 하는 다양한 교활함을 오히려 우리가 활용하여 승리를 쟁취하자. 경쟁자의 숨은 계략을 역이용하라는 하버드 공개 수업 연구회가 펴낸 《하버드 협상 강의》의 문장을 항상 생각하며 당신의 '뫼비우스의 띠'를 만드는 데 온 힘을 집중하라!

"협상 과정 중에 등장하는 가짜 정보는 마치 연막탄처럼 눈을 가려 상대방이 자신의 진짜 의도를 알아차리지 못하게 만들고 미리 준비해 둔 함정에 빠지게 만든다. 무엇이 가짜 정보일까? 발견 즉시 당장 폭로할 필요 없다. 그 안에 숨은 계략을 알아내고 역이용해서 원하는 바를 이룰 수 있기 때문이다."

◆ ◆ ◆

"다른 길을 찾기 위해 돌아보고 또 돌아보아도
마치 뫼비우스의 띠처럼 모든 것이 연결되어 있어

절대로 그곳에서 벗어날 수 없는

뫼비우스의 띠 같은 인생 여정."

도지현 시인, '뫼비우스의 띠' 詩 중에서

강한 자가 이기는 것이 아니라
이기는 자가 강한 자다

2022년 카타르 월드컵 조별 리그 경기는 그 어느 월드컵보다 많은 이변이 연출됐다. 우리나라(FIFA 랭킹 28위)가 포르투갈(9위)을 이긴 것은 물론 사우디아라비아(51위)가 우승팀이었던 아르헨티나(3위)를, 튀니지(30위)가 준우승팀이었던 프랑스(4위)를 이겼다. 결국 우리나라는 당당히 축구 강팀 16개국에 포함되었다. 우승 후보까지 거론되었던 벨기에(2위)는 16강에 진출하지도 못하고 귀국행 비행기를 타야만 했다.

소위 약팀으로 분류되었던 팀들이 강팀을 어떻게 이길 수 있었을까? 다양한 이유들이 있을 것이다. 중요한 것은 약팀들도 승리하는 방법을 터득하면서 점차 강팀이 되어 간다는 것이다.《손자병법》은 어떻게 하면 손쉽게 승리할 수 있는가에 대해서 기술했다.

예전에 소위 전쟁을 잘한다고 하는 사람은 승리하되 손쉽게 승리했다.

또, 전쟁을 잘하는 사람이 승리할 때는 사람들 사이에서 '어떤 비법을 썼다' 혹은 '용감하게 싸웠다'는 등의 무용담이 돌아다니지 않는다.

승리를 할 때 특별하지 않아 보이는 것은 이미 패배한 적을 대상으로 이기기 때문이다.

그러므로 전쟁을 잘하는 사람은 패하지 않을 곳에 서서 적의 패배(잘못)를 놓치지 않는다.

고 지 소 위 선 전 자　승 어 이 승 자 야
古之所謂善戰者 勝於易勝者也

고 선 전 자 지 승 야　무 지 명　무 용 공
故善戰者之勝也, 無智名, 無勇功

고 기 전 승 불 득　불 득 자　기 소 조 승　승 이 패 자 야
故其戰勝不忒. 不忒者 其所措勝 勝已敗者也

고 선 전 자　입 어 불 패 지 지　이 불 실 적 지 패 야
故善戰者, 立於不敗之地, 而不失敵之敗也

《손자병법》은 상대방과의 경쟁에서 이기는 방법의 핵심은 바깥으로 보이는 화려함보다는 승리할 수 있는 정확한 '맥(脈)'을 짚는 것이라고 했다.

앞에서 언급했던 축구 대표팀이 16강 진출했던 2022년에서 4년 전으로 시계를 돌려보자. '벤투'가 축구 대표팀 감독으로 선임되었다. 벤투 감독은 월드컵 본선이 열리기 전인 4년 동안 언론 매체로부터 '박진감 있는 축구가 아닌 재미없는 점유율 축구를 한다'와 '특정 선수만 출전시켜 능력있는 선수를 선발하지 않는다'는 비난을 계속 들었다. 또한, '주변의 이야기를 듣지 않는 고집불통'이라는 이야기도 있었다. 한마디로 인기 없는 감독이었다. 그러나 벤투 감독은 결과로서 본인이 능력 있는 감독이라는 것을 입증했다. 아시아 최종 예선전을 모두 치르지 않고도 아시아 최초 10회 연속 월드컵 진출을 확정지었다. 그리고 대한민국 축구 대표팀을 16강에 진출시켰다. 되돌아보면 벤투 감독은 여론에 귀 기울이거나 칭찬에 목말라하지 않았다. 그는 흔들림 없이 대표팀을 카타르 월드컵 일정에 맞춰 화려하지는 않지만 조직력을 갖춘 강팀으로 변화시키는 데에만 집중했다. 그리고 결국 승리자가 되었다.

국가대표는 축구팀처럼 스포츠 선수들만 있는 것이 아니다. 국군 장병들도 국민들을 대신해 나라를 지키고 있는 국가대표들이다. 군인들은 우리나라뿐 아니라 해외 각 지역에서도 평화 유지를 목적으로 파병 임무를 수행하고 있다. 여러 부대에서 파병 임무를 수행하고 있지만 1년 동안 내가 파병

생활을 했던 레바논에 위치한 동명부대에서 생활하면서 느꼈던 부분을 이야기해보고자 한다.

레바논은 중동에 위치한 나라다. 레바논 UN 평화유지군 (UNIFIL)은 평화와 안전 회복을 지원하며, 이스라엘과의 휴전을 감시하고 민간인에 대한 인도적 구호활동 지원 등의 임무를 수행한다. 1978년 이후 30개국 이상이 레바논에 파병 중이며 우리나라는 2007년부터 동명부대가 임무를 수행하고 있다. 내가 파병임무를 수행했던 2009년에는 작전 지역 내 차량 기동이 가능한 도로를 직접 다니면서 확인했고, 지역별로 수니파와 시아파로 나뉘어 있어 주민들의 성향을 파악하기도 했다.

어느 국가에 파병을 가더라도 안정적으로 임무를 수행하기 위해서는 작전 지역 내 주민들과의 공감대 형성이 무엇보다 중요하다. 동명부대가 정착하기 위해서 가장 관심을 가지고 집중했던 부분은 '우리가 그들을 어떻게 생각하느냐가 아닌 그들이 우리를 어떻게 바라보느냐'이다. 나는 작전 지역 내 지형을 분석하고 주민들을 만나 동명부대에 대한 생각과 무장단체들의 활동 여부 등을 확인하는 임무를 수행했다. 이 임무를 수행하기 전 레바논 주민들 눈에는 파병 임무를 수행하고 있는 타국 군인들이 위협적으로 보일 수 있다는 것을 먼저 인정해야 했다. 큰 무장 차량에 방탄조끼를 착용한 군인들이 총기를 휴대하고 그들의 거주지 일대를 다닌다면 충분히 위협적으로 보일 수 있다.

레바논 주민들은 수십 년 동안 파병 임무를 수행 중인 이탈리아 군인들에게도 돌을 던지며 불만을 제기할 정도로 감정을 숨김없이 드러냈다. 대한민국 작전 지역에서만큼은 이러한 불만을 최소화하기 위해 노력을 집중했다. 게다가 레바논의 경우 작전 지역 내 우리를 위협할 수 있는 다양한 무장단체들이 있다는 첩보가 있었다. 따라서 무장단체들이 동명부대에 불만을 가지고 있거나 위해행위를 할 수 있는 징후들을 사전에 식별해 부대원들의 안전을 지키기 위해서는 레바논 주민들의 협조가 무엇보다 필요했다.

주민들과의 공감대 형성을 위해 동명부대는 주어진 임무를 정상적으로 수행하면서 여러 친화활동을 했다. 첫 번째는 어린이들을 대상으로 태권도와 한글을 가르치는 것이었다. 당시 소녀시대, 동방신기 등의 K-POP 열풍으로 레바논 어린이들이 한국에 대한 관심이 많았다. 학교에서 아이들에게 태권도 품새를 알려주고, 유명한 K-POP 가수들에게 본인의 마음을 한글로 표현할 수 있도록 가르쳐 주는 것은 인기가 많았다. 아이들의 부모들도 만날 때마다 학교 수업 후 특별히 할 것이 없던 아이들이 태권도를 통해 운동을 하고, 한글을 배우면서 특별한 추억을 만들 수 있게 해줘서 고맙다고 했다. 두 번째는 몸이 불편한 주민들을 초청하여 그분들에게 휠체어와 목발 등을 제공해 주었다. 주민들 중 한 분은 '국가도 해주지 못하는 것을 동명부대에서 해주었다'면서 눈물을 흘리며 고맙다고 하셨다.

사실 우리에게 위해를 가할 가능성이 높다고 한 작전 지역 내 무장단체 조직원들 역시 누군가의 아버지이고 아들이다. 그들 중의 어떤 자녀는 태권도와 한글을 배웠을 것이다. 또, 그들의 부모 중 일부는 동명부대에서 제공한 휠체어를 받아 사용하고 있을 것이다. 결국 동명부대가 주민들과의 공감대 형성을 위한 노력은 결과적으로 부대에 영향을 미칠 수 있는 잠재적인 위협도 낮추었다고 확신한다. 그 결과 동명부대는 2007년 이후 지금까지 주민들과의 마찰 없이 평화유지군 임무를 잘 수행하고 있다. 나 역시 파병 기간 동안 임무를 수행하면서 보람도 많이 느꼈다. 만약 이러한 노력 없이 무장차량과 총기를 휴대하며 주민들에게 강한 힘만을 보여주었다면 사소한 행동이 오해와 불신 그리고 불만으로 점차 커졌을 것이다. 밖으로 크게 드러내지 않아도 내실을 기하면서 주어진 임무를 제대로 수행하고 있는 동명부대를 포함한 파병부대들은 진정으로 강한 대한민국 군대라고 확신한다.

여러분은 화려한 스포트라이트를 받고 싶은가? 주변 사람들이 당신을 둘러싸고 칭찬하는 그 기분을 느끼고 싶은가? 과연 스포트라이트와 칭찬을 받는 것이 여러분의 능력이 그만큼 뛰어나다는 것을 증명하는 척도가 될 수 있는가? 그렇지 않다. 여러분이 경쟁자보다 앞서고 이기고 싶다면 그런 것에 취하기보다는 소리 없이 강한 내공, 즉 지혜를 키우는 데 집중해야 한다. 설사 그 과정이 화려하지 않고 때로는 지루하더라도 그곳에 해답이 있다.

어떤 조직이라도 CEO, 즉 리더는 업무를 부여할 때마다 누구에게 일을 맡길 것인가를 고민한다. 경력은 화려하지만 내공이 부족한 직원에게 맡길까? 아니면 경력이 화려하지는 않지만 회사가 어려울 때마다 주목받지 않는 곳에서 서포트를 잘했던 검증된 직원에게 업무를 맡길 것인가? 리더는 구성원들이 직접 말하지 않아도 흐름을 읽을 수 있다. 스스로 어필하는 사람뿐 아니라 보이지 않는 곳에서 업무를 성실하게 하는 이들도 눈에 다 들어온다. 상급자에게 어필하기 위해 주변 사람들을 의식하며 불필요한 감정소비를 할 필요는 없다. 나는 나만의 길을 가면 된다. 리더는 회사의 미래가 달려 있는 중요한 업무일수록 실패를 용납할 수 없는 만큼 검증된 직원을 선택할 것이다. 바로 그자가 진정한 강자인 것이다.

◆ ◆ ◆

"한 가지 뜻을 가지고 그 길을 걸으라! 잘못도 있으리라!

그러나 다시 일어나서 앞으로 가라!"

체코의 건축가, 카렐 프라게르

10분 뒤와 10년 뒤를
동시에 생각하라

손자는 적을 알고 나를 안다고 해도 싸울 때마다 이기는 것이 아니라 위태롭지 않은 뿐(知彼知己 百戰不殆)이라고 말하며 승리하는 것이 그만큼 어렵다고 했다. 그런데《손자병법》에서 온전하게 승리할 수 있는 방법을 직접 언급한 구절이 있다.

孫子曰   10편 지형편

적의 상태가 우리가 공격해도 될 만한 약점이 있다는 것과
나의 병사들이 적을 공격할 능력을 갖추고 있음을 알고 있
다 할지라도, 지형상 공격하지 말아야 할 상황이라는 것을
파악하지 못하고 용병을 하면 승리의 가능성은 아직 절반
밖에 되지 않는다고 말할 수 있다.
그러므로 용병의 법을 알고 있는 사람은 움직여도 미혹에

빠지지 않고 군대를 일으켜도 계책에 막힘이 없게 된다.

그러므로 적을 알고 나를 알면 그때의 승리는 위태롭지 않다고 말할 수 있고, 여기에 하늘과 땅의 변화를 알고 용병하면 그 승리가 완전하다고 할 수 있다.

知敵之可擊 知吾卒之可以擊

而不知地形之不可以戰 勝之半也

故知兵者 動而不迷 擧而不窮

故曰 知彼知己 勝乃不殆 知天知地 勝乃可全

중요한 문장은 하늘과 땅의 변화를 알고 싸운다면 온전한 승리, 즉 완전하게 이길 수 있다는 것이다.

《손자병법》을 처음 접하고 이 구절을 읽었을 때 '드디어 어떻게 하면 완전한 승리를 할 수 있는지 꼭 짚어서 알려주는구나'라는 생각으로 설레었던 기억이 난다. 그런데 가장 중요한 문구인 '하늘과 땅의 변화를 아는 것(知天知地)'의 의미는 어떻게 해야 하는지 선뜻 와닿지 않았었다.

이 의미는 특공연대 중대장 직책을 할 때 몸으로 부딪히며 느낄 수 있었다. 중대장들은 18개월 임기 중에 한 번 '전술훈련평가'를 받는다. 즉 중대장으로서 전술적 능력을 평가받는 것이다. 특공연대는 다른 중대와 공격과 방어를 맞바꾸어 가면서 몇 개 팀이나 침투에 성공하고, 침투하는 상대 팀을 얼마나 차단시킬 수 있는가에 따라 승부가 결정된다. 우리 중대는 방어부터 했다. 그런데 아침부터 보슬비가 내리기 시작하더니 해가 질 때쯤부터 빗줄기가 거세졌고 밤새 내렸다. 평가 지역은 교육훈련을 여러 번 했던 곳으로 우리 중대뿐 아니라 같이 평가를 받는 다른 중대도 잘 알고 있었다. 그러나 평가 당일 비가 내리면서 방어를 하는 우리 중대를 여러 가지로 괴롭혔다. 무엇보다 비가 내리고 있어 앞이 잘 보이지 않았다. 또한, 빗소리로 인해 상대 팀이 침투할 때 나뭇가지를 밟을 때 꺾이는 소리를 들을 수 없었다. 그리고 우의를 입고 있었지만 오전부터 비를 맞으며 밤늦게까지 어딘가를 감시하며 집중력이 저하되었다. 이러한 어려움을 극복하지 못하고 침투한 4개 팀 중 3개 팀은 침투를 허용했고 한 개 팀만 잡았다.

중대 분위기는 가라앉아 있었다. 열심히 준비했지만 한 개 팀만 잡은 것에 대해 분통해하고 아쉬워했다. 이미 끝난 일은 접어두고 앞으로 할 일을 소대장들과 논의했다. 4명의 소대장들 모두 여러 번 훈련했던 장소였고 고민하며 침투로를 선정했기에 각자의 침투로를 그대로 이용하고자 했다. 그러나

30mm 가까이 내린 비로 인해 일부 경사로가 있는 침투로는 미끄러지기 쉬워 불빛 없이 침투하기에는 위험하다고 판단해서 계획을 변경했다. 소대별 전투력과 적의 예상 방어 위치 그리고 우천과 지형의 변화 등을 판단해서 침투로 4개 중 2개는 과감하게 포기했다. 다양한 침투로를 이용할수록 여러 팀이 침투에 성공할 확률이 높아질 수 있었지만 변화된 환경으로 인해 생긴 위협 요소를 최소화하는 것이 더 중요하다고 판단했다. 소대장들을 중심으로 전 인원들이 최선을 다한 결과 우리 중대는 4개 팀 모두 침투에 성공할 수 있었다. 소대장들과 부소대장 그리고 중대원들 덕분에 우리 중대는 그해 전술훈련평가 우수부대에 선정되었다.

내가 능력을 갖추고 있고, 상대방의 약점을 알고 있으면 싸울 때마다 승리할 수 있을 거라는 자신감이 들지만 그것은 순진한 생각이다. 비가 갑자기 내렸던 것처럼 내게 유리했던 환경이 불리하게 바뀔 수 있고, 반대로 적에게 유리하게 조성될 수도 있다. 그러한 요소를 고려하지 않고 성급하게 승부를 보려고 달려들 경우 승리할 확률은 절반 이하로 낮아질 뿐이다. 지금 당장 내 눈앞의 적에 대해 관심을 갖는 것 이상으로 향후 나에게 영향을 미칠 수 있는 다양한 요소들을 꼼꼼히 챙겨서 나에게 유리한 상황을 조성하도록 미리 준비해야 한다.

우리가 해야 하는 업무는 크게 4가지로 구분할 수 있다. 첫 번째는 '급하고 중요한 일', 두 번째는 '급한데 중요하지 않은 일', 세 번째는 '급하지는 않지만 중요한 일', 네 번째는 '급하지 않고 중요하지 않은 일'이다. 누구나 첫 번째인 '급하고 중요한 일'에는 관심을 갖고 해결하고자 한다. 그러나 실제로 경쟁자와의 승부는 세 번째인 '급하지는 않지만 중요한 일'에서 결정된다. 아이젠하워도 '중요한 것은 위급한 경우가 드물고, 위급한 것은 중요한 경우가 드물다'고 언급하며 급하지는 않지만 중요한 일에 대해 강조했다.

사회생활을 하는 사람에게 '급하고 중요한 일'은 해당 부서에서 일을 열심히 해서 인정받고 기회가 주어졌을 때 다음 직급으로 승진하는 것이다. '급하고 중요하지 않은 일'은 생각하기에 따라 다를 수 있지만 최고 시청률을 기록하고 있는 드라마 보기, 회사 동기모임, 동창모임, 취미 정모 등이다. '급하지 않지만 중요한 일'은 나의 꿈 그리고 목표이다. 회사의 임원이 되는 것일 수도 있고, 벤처회사를 차리는 것일 수도 있다. 현재에 충실하면서 앞으로 다가올 일들을 미리 예측하고 준비하는 일은 어렵다. 그러나 불안감에 남들 다 하는 자격증, 영어 공부를 무작정 시작하는 것은 나의 꿈이나 목표에 대한 해답과는 거리가 있다.

일본인 컨설턴트 야마모토 신지의 《일근육》에서는 "자격증이다, 영어 실력이다 하는 얄팍한 스킬을 쫓아가지 말라. 현업에서 필요로 하는 건 백과사전적 지식이나 스킬이 아니라 그 사람이 아니면 할 수 없는 능력이다. 차별점이 없으면 당신이 갖고 있는 지식이나 스킬, 커리어는 5년도 못 가 쓰레기가 되고 말 것이다. 당신이 20대에 꼭 키워야 할 것은 20년 후에도 당신의 생존을 책임질 수 있는 일근육이다"라고 언급했다. 앞에서 이야기했던 '급하지 않지만 중요한 일'을 제대로 준비하기 위해서는 일명 '일근육'을 키워야 한다. 현재의 경쟁자와 승리가 불투명한 치열한 싸움에서 승리하는 데 정신을 쏟다 보면 점차 다가오는 더 중요한 일들을 놓칠 수 있음을 명심해야 한다.

그렇다고 먼 미래만 바라보는 것은 허상일 수 있음을 간과해서는 안 된다. 걸어갈 때 먼 곳만 바라보면 조그마한 장애물에도 걸려 넘어질 수 있다. 우선은 현재 내가 처한 상황을 명확하게 진단하고 경쟁자들의 능력을 파악해야 한다. 즉 지피지기가 되었다면 다음 단계는 앞으로 내 주변의 환경을 차분히 둘러보며 다가올 미래를 준비하는 것이다. 직장 동료, 상급자, 경제력, 건강 상태 등 다양한 변수들이 내가 승부를 보려고 하는 시점에 중요한 변수가 될 수 있다. 눈앞에 보이지 않는다고 중요하지 않은 것이 아니기 때문이다. 멀리 바라보고 다양한 변수들을 준비하고 대처한다면 피를 흘리지 않고 경쟁자와의 싸움에서 승리할 수 있다.

너무나도 당연한 말이지만 누구에게나 시간은 똑같이 주어진다. 그리고 사람마다 제각각 시간을 활용하는 방법은 다양하다. 결국 올 것 같지 않은 먼 미래의 시간도 곧 다가온다. 결국 핵심은 '주어진 시간을 어떻게 활용하는가'이다. 그러나 '시간을 정복한 사람이 소수이기에 성공한 사람, 행복한 사람도 소수'라는 말처럼 내가 세운 계획대로 시간을 효율적으로 활용하기가 어렵다. 그렇다고 조급한 마음에 현재 내 앞에 있는 것만 바라보면 멀리 있는 것들을 놓칠 수 있다.

◆ ◆ ◆

"10분 뒤와 10년 뒤를 동시에 생각하라."

미국의 경제학자, 피터 드러커

孫子兵法

5

승리는 주어지는 게 아니라
만들어 가는 것이다

❖

철저하게 계산하여 이익이 있으면 움직이고
이익이 없으면 행동을 그쳐야 한다.

나는 내 삶의 조연이 아닌
주인공이다

'주인인가, 여인(旅人, 나그네)인가?'

도산 안창호 선생님께서 1925년 1월 23일부터 26일까지 동아일보에 '국내 동포에게 드림'이라는 기고문을 4회에 걸쳐 게재하셨는데, 그중 한 문장이다. 당시 국가 정체성의 혼란을 겪고 있던 많은 대한민국의 국민들에게 주인의식을 강조하고자 했던 글로 지금도 많은 책과 강연에서 '주인의식'을 강조할 때 인용되고 있다.

'시간은 돈(금)이다(Time is money)'라는 유명한 명언도 많은 사람들이 알고 있지만 모두가 시간을 소중하게 사용하지는 않는다. 마찬가지로 주도적인 삶을 살아야 성공한다는 내용의 책과 강연이 넘쳐나지만 막상 많은 이들은 오늘도 내 삶을 주도적으로 살지 못하고 있다. 아침에 일어나 출근해서 어제

해야 하는 것들 중 미뤄놓고 끝내지 못한 자료들을 정리하고, 상급자가 추가로 시키는 업무를 하며 하루를 보낸다. 퇴근하면서 과원들과 어울려 술 한잔하고 집에 들어오면 자고 다음 날 또 다른 하루가 시작된다. 가끔 자기계발은 하지만 지속적으로 이루어지지 않고 똑같은 일상이 반복된다.

그런데 남들처럼 그냥 사는 삶이 잘못된 것일까? '혹시 내가 어떤 결정을 해서 그 부분이 잘못될 경우 책임을 져야 하는데 그러면 골치 아파질 수 있잖아'라고 생각하며 시키는 것만 하고 적당히 살아가는 이들의 삶을 잘못되었거나 비난하고 싶은 생각은 없다. 사실 시키는 일만 하는 삶은 비굴해 보일지 모르지만 책임이라는 것에서 자유로울 수 있기 때문이다. 따라서, 남이 시키는 일만 하려고 하는 것은 스스로의 삶을 회피하는 것이 아니라 생존 전략의 일환으로 볼 수도 있다.

오히려 주도적인 삶을 살아간다는 말 자체는 멋있어 보일 수 있지만, '내가 결정한 것에 책임을 진다는 것'이라는 의미와 동일하기 때문에 실제 실천하기 쉽지 않다. 아니, 어렵다. 그렇지만 내가 이루고자 하는 목표를 위해 나아가야 하고, 그 과정에서 경쟁자와의 대결에서 승리를 하고 싶다면 '주인의식', 즉 책임을 지는 것은 선택의 문제가 아니라 필수적인 요소임을 기억해야 한다.

중대장 임무를 수행할 때 '백○○'이라는 용사가 있었다. 분대장으로서 항상 밝고 주어진 임무도 성실하게 잘했다. 분대원으로 한 명이 전입을 오면 잘 적응할 수 있도록 교육훈련이나 병영 내 생활하는 부분까지 꼼꼼하게 신경 써주어서 항상 고맙게 생각했다. 그런데 전역하기 2개월 전 면담 신청을 했다. 백○○ 병장은 고등학교 때 친구들과 어울려 지내다가 어떤 일로 인해 싸우게 되었고 결국 소년원을 다녀왔었다. 그일로 학교에서는 퇴학을 당했고 나이트 앞에서 기도(문지기) 아르바이트를 몇 개월 한 뒤 군에 입대했다. 그런데 지난번에 상병 휴가를 나갔을 때 당시 나이트 아르바이트를 소개해주었던 형들이 전역 후에도 같이 일하자고 연락이 왔었다고 했다. 그렇지만 백○○ 병장은 군 복무를 하면서 지금까지 살아왔던 삶에 대해서 반성을 많이 했고 전역 후에는 좀 다르게 살려고 했었다. 그런데 휴가 때 막상 형들을 만나 그런 제안을 받으니 어려운 집안 형편도 떠올라 쉽게 많은 돈을 벌 수 있는 기회를 바로 거절하지 못하고 들어온 것이다.

나는 어떤 선택을 해도 백○○ 병장은 책임을 지고 잘 헤쳐나갈 것이라고 응원해 줄 수밖에 없었다. 다만, 지금 몇 년 동안 돈을 버는 것도 중요하지만 10년, 20년 뒤의 삶을 그려보고 선택하는 것도 좋을 것 같다고 이야기해주었다. 백○○ 병장은 전역 후 1개월쯤 지나 "중대장님, 저 공장 야간 경비직 취직했습니다. 여기서 방도 제공해줘서 숙식하면서 고등학교 검정고시 준비하고 있습니다. 나중에 제 자식이 태어나면 당당하게 사는 모습 보여주고 싶습니다"라고 연락을 주었다. 백○○ 병장은 스스로 삶의 주인공이 되기를 선택했다. 그리고 그 결정으로 인해 당분간 경제적으로 손해 보는 부분은 감수했다. 지금 어떻게 생활하는지 궁금하지만, 분명 자신이 선택한 직장에서 성실하게 생활하며 좋은 남편, 아빠로서 행복한 가정생활을 하고 있을 것이다.

군대나 사회생활이나 내가 속한 조직에서 무엇인가를 선택하고 책임을 지는 행동은 계속 반복된다. 전 미 국무부 장관이었던 콜린 파월은 부하들에게 "나를 당황하게 하지 마라. 언제 어떻게 하든 상관없다. 다만 나에게 물어보지만 마라"라고 언급했다. 이 글을 처음 읽었을 때는 '하급자가 상급자에게 궁금하면 물어보는 게 맞지 않나?'라며 반신반의했다.

그러나 여러 번 읽으며 콜린 파월은 부하들, 즉 참모와 예하부대 지휘관들이 주어진 권한과 책임을 제대로 수행할 것을 강조한 것이라는 것을 깨달았다. 스스로 결정할 수 있는 것들은 결정하지 못하고 수시로 상급자에게 보고하는 이들이 많다. 그런데 막상 중요하고 신속하게 처리해야 할 일들은 꾸중을 들을까 봐 보고하지 못하고 주저하다 적시성을 놓쳐 상급자를 당황스럽게 만들지 말라는 의미였던 것이다.

내가 대대장을 했던 문산 지역은 안개가 자주 발생하는 지역이었다. 새벽부터 안개가 발생하면 차량으로 출근할 때 앞차가 잘 보이지 않아 신경을 많이 써야 한다. 특히, 가시거리가 50m 미만일 정도로 심할 경우에는 차량 사고 발생 가능성이 높아진다. 이때 지휘관이 선택할 수 있는 방안은 3가지다. 첫째, 조심히 출근하라고 문자 메시지를 발송한다. 둘째, 사단 야간 당직사령에 건의해 지휘관 결심을 받아달라고 한다. 셋째, 출근 시간을 늦춰 일과 시간을 조정한다.

조심히 출근하라고 문자 메시지를 발송하는 것은 경각심을 일깨워줄 수는 있지만 사고 발생 시 '그래서 조심히 운전하라고 했잖아'라며 책임을 부하에게 전가하기 쉽다. 사단에 보고해서 건의할 경우 답변이 바로 오는 것을 기대하기는 힘들다. 당직사령 중 새벽 4시 또는 5시에 지휘관에게 전화해서 '안개가 심한데 안개 낀 지역 일과 시간을 조정해도 되겠습니까?'라고 전화하기는 쉽지 않다. 그렇다고 8시 30분 회의를 간 지휘관에게 건의할 경우 적시성을 놓친다.

결국, 마지막 방법인 해당 부대 지휘관이 '8시 30분경 안개가 걷힐 예정이니 그전에 일찍 출근하지 말고 9시에 맞춰 출근하라'고 전파한 뒤 사단에 관련 사항을 보고하는 것이 가장 적절하다. 핵심은 6시부터 8시 30분 사이에 출근하는 간부들이 짙은 안개 발생으로 인해 차량 사고가 발생하는 것을 방지하는 것이다. 단순한 경각심 문자를 보내거나 상급 부대 결심 전에 아무것도 하지 않는 것은 책임 있는 행동이 아니다.

회사 또는 군대 등 내가 속한 조직에서 주도면밀하게 행동하려면 스스로 주인공이라 생각하고, 책임을 지겠다고 다짐해야 한다. 독일 신학자였던 디트리히 본회퍼는 '실천은 생각에서 나오는 것이 아니라 책임질 준비를 하는 데서 나온다'고 했다. 내가 한 행동에 책임을 진다고 결심하는 순간 행동이 적극적으로 바뀌고, 해결책을 찾기 위해 노력한다. 그렇게 되면《손자병법》구변(九變)편의 문구처럼 그 노력이 쌓이고 쌓이면 다양하게 발생하는 변수 속에서 퍼즐을 맞추듯 나아갈 수 있는 것이다. 결국 나의 주도적인 삶을 대하는 방식은 목표를 달성하는 데 있어 경쟁자뿐 아니라 여러 장애 요소를 마주할 때마다 융통성을 발휘하는 데 중요한 역할을 할 것이다.

장수로서 상황에 따라 용병을 달리함으로써 이익을 얻는

용병법에 통달한 사람은 용병을 안다고 할 수 있다.

고 장 통 어 구 변 지 리 자   지 용 병 의
故將通於九變之利者 知用兵矣

◆ ◆ ◆

"당신이 인생의 주인공이다. 그 사실을 잊지 마라.

지금까지 당신이 만들어온 의식적 그리고 무의식적

선택으로 인해 지금의 당신이 있는 것이다."

미국 각본가, 바바라 홀

이기고 싶다면 나 자신을
뜨겁게 사랑하고 치열하게 살자

'언젠가는 나도 활활 타오르고 싶은 것이다.
나를 끝닿는 데까지 한번 밀어 붙여보고 싶은 것이다.'

반쯤 깨진 연탄 中 / 안도현

좋은 시로 많은 사람들에게 감동을 주는 안도현 시인은 '반쯤 깨진 연탄'이라는 시를 통해 반쯤 깨져 있어 판매되지 못하는 연탄 입장에서 제 역할을 하고 싶음을 멋지게 표현했다. 물론 연탄이 자신의 몸을 타오르게 해서 제 역할을 하듯이 우리들도 그렇게 살아가야 한다는 이야기는 맞다. 그러나 여기서는 단순히 그 이야기만 하고 싶은 것은 아니다. 주제에 나와 있는 문구처럼 '이기고 싶다면' 즉, 내가 누군가와의 경쟁에서 무엇을 성취하고자 한다면 경쟁에 몰두하기 전에 먼저 나 스스로에 대한 확신이 필요하다는 것을 강조하고 싶다. 그 확신이 있어야 나를 믿고 사랑할 수 있다. 상대방과의 경쟁에서 치열하게 다투는 것은 그다음 문제이다.

그렇다면 나 자신에 대한 확신을 어떻게 가질 수 있을까? 그것은 내가 나만의 무기인 '강점'을 가지고 있을 때 가능하다. 즉 카드놀이를 할 때 내가 강한 카드를 쥐고 있으면 이길 수 있다는 확신이 드는 것처럼 누군가와의 경쟁에서 이길 수 있는 강력한 무언가를 가지고 있다고 생각하면 자신감이 생기고 승부에 더 적극적으로 임할 수 있다.

승리하기 위해서는 나 자신에 대한 확신이 필요하다. 그 확신은 나만 가질 수 있는 강점이 있을 때 느낄 수 있다. 여러분은 자신의 강점이 무엇인지 알고 있는가? 만약 스스로의 강점을 명확하게 알고 있는 이가 있다면 부럽다. 나는 아직까지 나의 강점이 무엇인지 잘 모른다. 그것을 찾기 위해 지금도 노력하고 있다. 어떻게 보면 강점을 부각시키려 하기보다 약점이 외부로 노출되지 않기 위해 더 노력했다. 그러나 내가 삶을 살아가는 태도가 약점을 덮는 데 급급해서는 누군가와의 경쟁에서 승리할 수 없다.

축구 경기를 할 때는 골을 넣어야 승리할 수 있다. 상대 팀에게 골을 먹히기 싫다고 수비 숫자만 늘려서는 결코 이길 수 없다.《손자병법》에서도 적이 승리하지 못하도록 하는 것은 내가 얼마나 수비를 잘하느냐에 달려 있지만, 내가 승리하기 위해서는 나의 강점으로 적을 적극적으로 공격해야 한다고 언급했다.

먼저 적으로 하여금 승리하지 못하도록 만들어 놓고 적이 (잘못을 범해) 나로 하여금 승리할 기회를 만드는 것을 기다 린다.

적이 승리하지 못하도록 하는 것은 나에게 달려 있고, 내가 승리할 수 있게 되는 것은 적에게 달려 있다.

그러므로 승리는 (미리부터) 알 수는 (예견할 수는) 있어도 (억지로) 만들어낼 수는 없다.

적이 승리하지 못하게 만드는 것은 수비의 역할이며 승리 하는 것은 공격의 역할이다.

先爲不可勝 以待敵之可勝 不可勝在己 可勝在敵

故曰, 勝可知而不可爲 不可勝者守也 可勝者攻也

나의 강점은 스스로 발견하기보다 주변 사람들을 통해 알게 되는 경우가 더 많다. 어렸을 때 학교 선생님들께서 어떤 학생에게 재능이 있다는 한마디로 유명한 화가나 작가가 되는 경우를 주변이나 언론 매체를 통해서 접한 적 있을 것이다. 나의 현 위치를 잘 몰라 불안해하고 눈치 보고 주저하고 있을 때 타인의 칭찬이나 격려는 중요한 전환점이 된다. 내가 가지고 있는 카드가 그저 그런 패인 줄 알았는데 누구도 가지고 있지 않은 강력한 패라는 확신을 가지고 적극적으로 행동할 수 있게 되는 것이다. 이는 개인뿐 아니라 조직에서도 동일하게 적용된다. 나뿐 아니라 내가 속한 조직이 어떤 조직과 붙어도 해볼 만하다는 강한 확신이 있을 때 승리할 수 있다.

나는 레바논 파병 임무를 마치고 한국으로 복귀하면서 국군화생방방호사령부에서 근무하게 되었다. 처음 그 부대에 가게 된다고 했을 때 '국군화생방방호사령부? 어디에 있는 거지? 난 사단이나 군단 정보처에서 근무하고 싶은데 왜 그 부대로 분류가 난 거지?' 하고 의아하게 생각했다. 처음 전입을 가서 놀란 것은 2가지였다. 첫 번째는 육군 정보 병과 직책이 처음 생긴 자리이며 그 부대에서 정보 병과는 나 혼자라는 것과 두 번째는 내가 보안과 정보 계획 분야 2가지를 모두 해야 한다는 것이었다. 장교가 어느 부대나 어떤 보직으로 분류가 나더라도 주어진 업무를 열심히 하는 것은 당연하다. 그러나 전혀 낯선 곳에서 대위 계급으로 다양한 업무를 잘 수행해야 한다는 부담감을 이겨낼 수 있을 거라는 확신이 없었다.

이런 내 모습을 지켜보는 대부분의 화생방 병과 간부들은 내가 잘 적응할 수 있도록 도와주었지만 그들이 나를 바라보는 우려 섞인 시선을 이겨내야 했다. 첫 번째는 '정보 병과가 화생방 병과 특성을 잘 알고 업무를 잘할 수 있을까?'라는 것과 두 번째는 '대위 계급으로 보안과 정보계획 분야를 할 수 있는 능력을 갖추고 있나?'였다.

첫 번째 우려는 공부하고, 묻고, 기고하는 것으로 불식시키고자 노력했다. 업무와 관련해서 모르는 것이 있으면 화생방 병과 관련 교리 내용을 확인해서 공부하고, 그래도 모르면 관련 담당 간부에게 계속 물어보며 현안 업무를 처리해 나갔다. 내가 가진 취약점을 계속 노출시키기보다 최소화하는 것이 중요했다. 또, 나의 강점을 부각시킬 수 있는 부분을 적용하고자 했다. 2010년은 우리나라에서 처음으로 'G20 정상회의'를 개최하기로 예정되어 있었고, 사령부에서는 그 어느 때보다 테러에 대한 관심이 많았다. 그래서 나는 레바논 동명부대에서 1년 동안 대테러정보장교 임무를 수행하며 직접 보고 느꼈던 테러의 위험성에 대해 정리했고 그 자료를 사령부에서 발간하는 기술학회지에 기고했다. 그 기고문으로 화생방 병과분들과 이야기도 많이 나누고 더 친밀해질 수 있었다.

두 번째 우려인 보안은 꼼꼼히, 정보계획은 연습 기간 중 적극적인 자세로 대처했다. 사령부 간부분들의 보안 자료를 하나하나 확인했다. 그리고 미흡한 부분을 알려주고 같이 보완해 나갔다. 마침 전입 후 두 달 뒤에 사령부 보안감사를 수감해야 했다. 1년에 딱 한 번 수감을 받는 만큼 준비할 것들이 많았지만 과장님과 같은 과 선배들 덕분에 잘 해나갈 수 있었다. 감사 결과 징계받는 사람 없이 무사히 끝날 수 있었고 사령관님께서 고생했다며 격려금도 주셨다. 정보계획 부분은 1년에 두 번씩 하는 훈련을 준비하고 실시하면서 정보 관련 분야만큼은 내실 있게 준비하는 등 적극적으로 임무를 수행했다. 그 결과 화생방 병과 간부분들께 정보 병과 간부와 함께 근무하니까 훈련 간 정보 분야는 믿고 맡길 수 있어서 좋다고 말씀해주셔서 많은 보람을 느꼈다.

물론 업무하면서 모르는 부분이 많아 혼나기도 하고 힘들 때도 있었지만 그럴 때마다 주눅들지 않고 내 업무에 확신을 가지고 주변의 우려를 해소해 나갔다. 지금 되돌아보니 오히려 국군화생방방호사령부에서 근무하게 된 것은 나에게 소중한 경험이었다. 타 병과를 이해할 수 있었고, 대위 계급으로 다양한 업무를 동시에 하면서 겪었던 경험들이 소령 진급 후 다른 업무를 하는 데 큰 밑거름이 되었다.

군대뿐 아니라 회사에서도 동일하게 적용된다고 생각한다. 신입 직원일 수도 있고 본사에 근무하다 계열사 회사로 옮긴 뒤 처음 근무하는 직원일 수도 있다. 그렇기에 내가 가지고 있는 강점은 보여줄 것이 없고 해당 분야를 모르는 만큼 약점밖에 없다고 생각할 수 있다. 그러나 신입 직원은 의무 복무하러 회사에 들어온 것이 아니다. 다니고 싶은 회사 모집 공고를 보고 서류 심사와 면접을 보고 뽑힌 능력을 갖춘 인재다. 계열사 회사로 간 직원은 본사 생활할 때의 네트워크 등 노하우를 가지고 있다. 분명 본인만의 강점이 있는 만큼 그 부분을 활용하여 자신이 하고 있는 업무에 확신과 열정을 가지고 업무를 한다면 주변 사람들에게 신뢰를 줄 수 있는 것은 물론 주변의 경쟁자와의 보이지 않는 싸움에서도 승리할 수 있을 것이다.

◆ ◆ ◆

"확신을 가져라. 아니 확신에 차 있는 것처럼 행동하라.
그러면 차츰 진짜 확신이 생기게 된다."

네덜란드 화가, 빈센트 반 고흐

孫子兵法

중요한 것은
속도가 아닌 방향이다

장교로 임관하기 전 《손자병법》을 접한 뒤 '다른 병법서도 한번 찾아서 읽어볼까?' 하는 생각이 들었다. 그렇게 마음만 먹고 있다가 소대장을 마치고 참모 직위를 하면서 바실 리델 하트의 《전략론》과 카알 폰 클라우제비츠의 《전쟁론》이라는 책을 구매해서 읽었다. 그중 《전략론》은 몇 번이고 다시 읽으며 밑줄을 친 부분이 있다.

"과거 전사를 연구해보니 시대를 통틀어 상대의 의표를 찌르는 간접전략을 수행하지 않고 효과적인 전과를 거두는 예는 없었다. 이러한 간접성은 통상 물리적인 것이지만 언제나 심리적인 것이기도 했다. 전략상으로는 목적에 대한 가장 먼 우회로가 때때로 최단 경로일 수도 있다."

이 글을 읽고 나도 모르게 책 여백에 '우직지계(迂直之計)'라고 썼다. 《손자병법》에서 읽었던 내용과 너무 유사했기 때문이다. 리델하트가 강조했던 그 내용은 《손자병법》의 '군쟁(軍爭)'편, 즉 전쟁에서 군대가 적보다 유리한 위치를 점하기 위해 경쟁하는 것에 대해 서술한 부분에 그대로 나와 있었다.

孫子兵法   7편 군쟁편

군쟁의 어려움은 우회적인 방법을 써서 오히려 목표 달성에 빠른 길로 만드는 것과 곤란해 보이는 상황을 활용하여 오히려 이익이 되는 결과를 만들어내는 데 있다.

그러므로 우회의 길을 택하고, 이익을 보여주어 유인하여, 적보다 늦게 군을 기동시키고도 적보다 먼저 싸움에 유리한 위치를 점하게 된다. 이렇게 하는 것이 바로 우직지계, 즉 돌아감으로써 오히려 빨리 가는 법을 진정으로 아는 것이다.

군 쟁 지 난 자 이 우 위 직 이 환 위 리
軍爭之難者 以迂爲直 以患爲利
고 우 기 도 이 유 지 이 리 후 인 발 선 인 지
故迂其途 而誘之以利 後人發 先人至
차 지 우 직 지 계 자 야
此知迂直之計者也

그리고 그 이후에 영국의 군인이자 군사과학 연구자였던 리델하트는 《손자병법》의 애독자 중 한 명이었고, 실제 본인이 집필한 책의 핵심이론에 적용하기도 했다는 것을 알게 되었다. 사실 《손자병법》의 이 부분은 읽을 때마다 이해하려고 노력했지만 잘 와닿지 않는 부분이었다. '어떻게 돌아가는데 오히려 더 빠르게 목표 달성을 할 수 있지?'라는 의문이 계속 남았었다. 그런데 《전략론》에 나와 있는 과거 전쟁 사례들을 접하면서 《손자병법》에 나와 있는 구절들이 무엇을 의미하는지와 글로 쓰여져 있지 않은 행간의 뜻도 이해할 수 있었다.

내가 이 문장을 통해 이해한 것은 '나아가고자 하는 목표가 명확하고 방향만 잘 설정되어 있다면 지금 속도가 조금 빠르거나 늦는 것은 결과에 영향을 미치지 않는다는 것'이다. 다만, 그렇게 하기 위해서는 반드시 해야 하는 것이 있다. 나의 목표가 올바른가? 현재 내가 가고 있는 방향이 제대로 가고 있는 것인가? 예상치 못한 변수는 없는가? 변수가 있다면 현재 가고 있는 방향을 수정해야 하는가? 등 다양한 질문을 스스로 하고 답변을 해나가는 과정이 있어야 한다. 늦게 출발하는 것이나 적에게 이익을 보여주는 것 등은 모두 그러한 피드백 과정을 통해 내가 통제할 수 있는 범위 내에서 이루어져야하는 것이다. 그렇지 못하고 흘러가는 대로 진행해 늦게 출발

하면 그냥 늦게 도착할 뿐이다.

이러한 '우직지계'의 내용을 군 생활을 하는 동안 항상 적용하고자 노력했고, 나의 중심을 잡아주었다. 특히, 대대장 직책을 수행하는 동안 대대원들에게 이 내용을 강조하고 싶었다. 간부들뿐 아니라 용사들에게도 의미를 전달하고 같이 실천하고자 했다. 그러기 위해서는 병법서 내용을 그대로 알려주면 딱딱하고 거부감이 들 수 있다고 생각해서 쉽게 와닿을 수 있는 2가지 문장으로 만들었다. 첫 번째는 '속도보다는 방향이 중요하다'로 우직지계를 풀어 쓴 내용이고, 두 번째는 3장에서 언급한 '익숙함에 취하지 말자'였다. 이는 내가 하고 있는 것에 익숙해져서 잘못된 방향으로 가는 것을 막기 위함이다.

《하버드에서도 가르쳐주지 않는 것들》이라는 책의 저자인 마크 맥코맥은 하버드 경영대학원 졸업생들을 상대로 설문조사를 했다. 질문 내용은 '장래에 대한 명확한 목표를 정해 두었는가? 그렇다면 그 목표를 기록해 두었는가? 그 목표를 달성하기 위한 구체적인 행동 계획이 있는가?'였다. 조사 결과 3%의 학생들만 글로 쓴 목표와 계획이 있었으며, 13%는 목표는 있었으나 글로 써놓지는 않았다. 84%는 아무런 구체적인 목표가 없었다. 설문조사 후 10년이 지난 뒤 당시 설문조사를 했던 학생들의 직업과 연봉을 조사해보니 글로 쓴 목표와 계획을 가지고 있었던 3%가 나머지 97%보다 10배 넘는 돈을 벌고 있었다. 꼭 돈을 많이 벌어야 성공하는 것은 아니지만 내가 목표하고자 하는 삶을 살아가고자 할 때 올바른 목표와 방향 설정이 얼마나 중요한가를 알려주는 내용이라 할 수 있다.

여기까지의 내용을 정리해보면 내가 올바른 목표와 방향을 설정하고 진행 방향을 계속 체크한다면 원하는 것을 이룰 수 있다는 것이다. 그러나 다들 알고 있겠지만 우리가 사는 삶은 그렇게 계획대로 되지 않는다. 산 정상으로 갈수록 가는 길이 좁아지듯이 사회에서 모두가 성공이라고 생각하는 목표에 깃발을 꽂을 수 있는 이들은 극소수에 불과하다. 결국 같은 목표를 가지고 있는 이들과 경쟁을 할 수밖에 없는 것이다. 즉 경쟁자와 끊임없이 싸우고 또 싸워야 하는 것이다.

이때 조급한 마음에 상대방보다 앞서가려고 속도를 내서는 안 된다. 물론 그렇게 하지 않으면 뒤처질 수 있다는 느낌이 들 수도 있다. 게다가 앞서가는 경쟁자의 모습이 보이면 더 불안해할 수 있다. 그러나 속도를 낸다는 것은 경쟁자에게 나의 패를 보여주는 것이 될 수 있다. 상대방에게 나의 의도를 드러내는 것이다. 여기까지는 그래도 괜찮은데 만약 속도를 낸 그 방향이 잘못되었을 경우에는 다시 돌아오거나 한참을 돌아와야 한다. 이렇게 되면 목표에서 점점 더 멀어지게 되는 것이다. 여러분들이 그 당시 판단할 때는 방향이 맞았다며 억울해할 수 있다. 그러나 〈지금은 맞고 그때는 틀리다〉라는 영화 제목처럼 상황은 수시로 변한다. 그 상황 속에서 지금 방향이 맞는지에 대한 점검을 해야 한다.

오히려 상대방이 앞서가는 것이 보이면 나는 반대로 속도를 조금 늦추는 것이 현명할 수 있다. 내가 가고자 하는 방향을 보여주지 않아도 되고, 상대방의 의도도 읽을 수 있기 때문이다. 성급하게 나아가다 보면 분명 실수하게 된다. 경쟁자들이 볼 때는 본인에게 직접적으로 싸움을 걸어오지 않아 의아하게 생각하면서도 경계심을 풀 수도 있다. 경쟁자가 스스로 자만심에 빠지면 내게 기회가 더 빨리 올 수도 있다.

우회하는 것처럼 보일 수 있지만 사실 내가 지금 가는 길은 다양한 위험 요소를 판단하고 적에게 의도를 드러내지 않으며 목표에 가장 빠르게 갈 수 있는 지름길이다. 경쟁자들은 승부에 패한 뒤에도 왜 그러한 결과를 얻었는지 모를 것이다. 속도에 집중하느라 상대방의 방향을 제대로 읽지 못했기 때문이다.

다만, 유의해야 할 것은 속도만 내는 경쟁자가 아닌 우회로를 나름대로 찾아가며 목표에 접근하는 이에게는 다르게 접근해야 한다는 것이다. 이때는 《손자병법》이 언급했던 적에게 이익을 보여주고 유인하는 방법을 써야 한다. 여러분이 모든 것을 가질 수는 없다. 포기할 수 있는 부분은 과감하게 내어주고 경쟁자가 그것을 취하는 동안 여러분은 시간을 벌었기 때문에 그 시간 동안 목표를 향해 나아가 선점해야 한다.

◆ ◆ ◆

"자기 자신을 정리하지 않는 행동은 임자 없이
멋대로 달리는 말이나 다름없다. 목표가 없는 행동은
하나의 방종이다. 모든 자유로운 행동의 원칙은
그 내부에 질서가 있고 목표가 분명하다는 데에 있다."

고대 그리스 철학자, 피타고라스

孫子兵法

경쟁을 넘어
상생이 답이다

"적을 격파하는 최선의 수단은 적을 자기 편으로 만드는 일이다."

가톨릭과 개신교 간의 종교전쟁을 종식시키고 공존과 평화를 추구했던 프랑스 왕 앙리 4세가 했던 말이다. 그러나 적을 자기 편으로 만드는 일이 과연 가능할까? 적은 나와 양보할 수 없는 목표를 두고 치열하게 경쟁하는 관계다. 적이 경쟁구도에서 밀려나고 패할 경우 모든 것을 잃는 것뿐 아니라 목숨도 위태로울 수 있다. 따라서, 내가 손을 내밀었을 때 속임수라고 생각하고 뿌리치기 쉽다. 반대로 나 역시 적이 똑같은 제안을 하더라도 의심부터 할 것이다. 만약 그럼에도 불구하고 적을 내 편으로 만들기 위해 무리하게 추진하다 상대방에게 틈을 보이면 당할 수 있다. 실제로 앙리 4세도 모든 것을 결정할 수 있는 왕이었음에도 불구하고 종교들 간의 화합을 추진하다 과격한 상대 종교 광신도에 의해 암살을 당해 사망하고 말았다.

그렇다면 앙리 4세가 언급했던 것은 듣기 좋은 말에 불과할 뿐 실제 사회나 전쟁터에서는 적용할 수 없는 것일까? 이에 대해《손자병법》에서는 실제 적용할 수 있는 실마리를 제공해준다.

주변국 군주들의 전략을 알지 못하면 미리 외교적 동맹을 맺어둘 수 없고, 전장에 이르기까지 삼림, 험한 지형, 늪지 등 거리의 지형을 알지 못하면 군을 기동시킬 수 없고 길을 인도하는 현지인의 도움을 받지 못하면 지리의 이점을 완전히 이용할 수 없다.

고 부 지 제 후 지 모 자 불 능 예 교
故不知諸侯之謀者 不能豫交
부 지 산 림 험 조 저 택 지 형 자 불 능 행 군
不知山林險阻沮澤之形者 不能行軍
불 용 향 도 자 불 능 득 지 리
不用鄉導者 不能得地利

핵심은 주변 사람들의 전략을 알아야 동맹을 맺을 수 있다는 것과 목표까지 나아가는 데 있어 장애물이 무엇인지를 인지해야 하며, 그것을 헤쳐나갈 수 있도록 도와주는 조력자를 구하기 위해 노력해야 한다는 것이다. 이를 실천하기 위해서는 3가지에 대한 생각을 정리할 필요가 있다.

첫 번째는 우선 '적'을 어떻게 바라볼 것인가이다. 적이면 무조건 서로 물고 뜯어야 하나? 그렇지 않다. 적에 대한 스펙트럼을 넓게 바라보자. 지금이라도 공격할 것 같은 위협을 주는 적을 10점 만점에 10점이라 한다면 내게 당장의 위협을 주지 않는 잠재적인 적은 5점 이하라 할 수 있다.

나는 어떠한 적에 더 관심을 기울여야 하나? 7점 이상의 적들은 무엇을 해도 내게 적대적이다. 그들에게 집중하기보다 5점 이하의 적들에 더 집중해야 한다. 그들이 나와의 현 상태를 유지하려고 하는지 그렇지 않으면 더 악화될 징후가 있는가를 꿰뚫어 볼 수 있어야 한다. 이것이 《손자병법》에서 언급한 주변국 군주의 전략을 알아내는 것이다. 그런 다음 내가 해야 할 것은 잠재적인 적들이 현 상태를 유지하는 것이 궁극적으로 본인에게 더 유리하도록 인식하게 만드는 것이다. 이를 통해 암묵적으로 서로 위협을 가하지 않는 소위 '불가침 조약' 수준의 협정을 맺고 유지할 수 있다.

물론 적을 무조건 내 편으로 만들라는 것이 아니다. 만들려고 해도 만들 수 없다. 오히려 만들려고 애쓰다가 무리수를 두게 된다. 적은 적이다. 다만, 내게 잠재적 위협은 될 수 있어도 직접적 위협이 되지 않는 상태를 유지하려는 노력이 필요하다.

두 번째는 그렇다면 '아군', 즉 내 편은 어떻게 바라봐야 하나? 내 편이면 모두 끈끈하게 지내면서 나의 모든 것을 보여주어야 하는 것인가? 그렇지 않다. 내 편에 대한 스펙트럼 역시 넓게 봐야 한다. 이번에는 반대로 내 편이기는 하지만 5점 미만의 아군은 언제든지 비협조적으로 나올 수 있고, 때에 따라 적군이 될 수 있다는 마음의 준비를 하고 있어야 한다.

통상 우리들이 하는 실수는 내 편이라면 항상 내가 하는 것을 10점, 아니 최소 7점 이상 지지해줄 것이라고 착각하는 것이다. 그들도 각자의 생존 방식이 있음을 이해해야 한다. 아군이라도 그들의 전략을 알고 접근해야 한다. 만약 아군이라 편하게 생각하고 관심을 기울이지 않거나 무시할 경우 어느 순간 5점 미만의 아군은 적이 되어 있을 것이다. 그때 가서 '이럴 줄 몰랐다', '같은 편인데 배신을 했다'라며 스스로 분하게 생각해도 소용없다. 내가 그들이 원하는 것을 외면했고 그들의 전략을 제대로 읽지 못했기 때문이다. 최소한 내가 가는 길에 내 편이었던 그들이 장애물을 더 설치하는 어처구니없는 일이 발생하지 않도록 해야 한다.

마지막으로 적과의 경쟁에 대한 사고의 전환이 필요하다. 즉 경쟁에 대한 스펙트럼도 넓게 바라봐야 한다는 것이다. 같은 목표를 두고 경쟁하는 것을 무조건 부정적 이슈로만 바라봐서는 안 된다. 단순히 이번 경쟁이 마지막인 것처럼 생각하고 승리한 뒤 그것에 도취해 긴장의 끈을 놓아버리고 교만하게 행동하거나 패배한 뒤 그걸로 끝이라고 생각하고 세상 잃은 것처럼 행동하면 근시안적인 접근이 될 수 있다. 그렇게 행동하면 여러분은 더 나아가지 못하고 다음 경쟁 때 무조건 패배하게 된다.

멀리 바라봐야 한다. 오히려 적이라고 보고 대결 중인 경쟁자를 통해 나의 전투력을 상승시킬 수 있고 그로 인해 기존에 설정했던 목표보다 더 높은 곳에 오를 수 있다고 생각하고 접근해야 한다. 경쟁을 통한 상생, 즉 시너지 효과가 발생한다고 믿어라. 상생이라고 해서 서로 사이좋게 지내라는 뜻이 아니다. 궁극적으로 각자가 바라는 바를 이루는 데 플러스 요인이 되는 점에 초점을 맞추라는 것이다. 그 과정에서 발생할 수 있는 경쟁은 치열하면 치열할수록 더 좋은 결과를 낼 수 있다.

르네상스 시대를 대표했던 레오나르도 다빈치와 미켈란젤

로의 작품들도 치열한 경쟁구도가 있었기에 빛을 발한 것이다. 우리들이 즐겨 보는 프로 야구나 축구에서도 라이벌전에 더 많은 관심과 응원을 보내고 선수들도 더 집중하며 멋진 경기를 보여주곤 한다. 물론 예술작품처럼 윈윈하는 경우도 있지만 스포츠 경기에서는 승자와 패자가 나뉜다. 그렇지만 응원하는 팀이 지더라도 끝까지 최선을 다했다면 '졌잘싸'라며 박수를 보내주고 다음번 경기 때는 더 멋진 모습을 보여주기를 기대한다.

세상을 경쟁 없이 살아갈 수는 없다. 그 경쟁 속에서 때로는 상대방에게 패할 수도 있고 내가 이길 때도 있다. 중요한 것은 시너지 효과를 내는 경쟁을 하며 나의 맷집을 키우는 것이다. 그 맷집은 나를 넘어뜨리려고 여기저기에 설치되어 있는 장애물들을 극복하게 하는 힘이 된다.

적과 내 편은 직접적으로 말을 하지 않지만 지금 나의 말과 행동, 태도를 유심히 지켜보고 있다. 그들도 나처럼 모두 기회만 주어진다면 경쟁에서 승리하고 성공하고 싶어 한다. 그러면서 나에게 더 다가오는 것과 등을 돌리는 것 중 어느 것이 나을지 계산하고 있을 것이다. 나 역시 타인에게 그렇게 행동하고 있는 만큼 나쁘다고 탓할 필요는 없다. 중요한 것은 내가 경쟁자나 우리 편을 대하는 태도가 눈치 보기, 감정싸움에

치우쳐 있지 않고 더 큰 것을 얻기 위해 나아가고 있다고 인식시키는 것이다. 그들에게 그러한 인식을 심어줄 수만 있다면 내게 갑작스럽게 적이 기습을 하거나 나의 편이 등을 돌리지 않을 것이다. 그 기반을 토대로 내가 지금 하고 있는 경쟁자와의 대결에 집중할 수 있게 되고 그 대결을 통해 한층 더 발전할 수 있을 것이다.

◆ ◆ ◆

"친구에게 좋게 대하라. 그를 잃지 않기 위해서이다.
적에게 잘하라. 그를 얻기 위해서이다."

미국 정치인, 벤자민 프랭클린

孫子兵法

내부의 적이 때로는
가장 무서운 적이다

영화나 드라마를 보다 보면 결정적인 순간에 주인공이 속한 구성원 중 한 명의 배신으로 조직 전체가 위험에 빠지는 경우가 종종 있다. 물론 마지막에는 결국 주인공이 그 어려움을 이겨내고 해피엔딩으로 마무리된다. 우리는 그러한 주인공의 모습을 보며 통쾌함을 느끼기도 한다. 그러나 현실에서도 항상 해피엔딩일 수 있을까? 오히려 그 조직은 다시는 회복 불가할 정도로 치명적인 새드앤딩을 맞을 가능성이 높다.

《손자병법》이 쓰였던 당시에도 내부 배신자로 인해 전쟁에서 패배했던 사례가 많았던 것 같다. 그래서 부대의 지휘관은 그러한 패배를 당하기 싫다면 병사들에게는 자신의 마음을 함부로 드러내서는 안 된다고 기술했다.

장군은 함부로 마음을 드러내지 않음으로써 그 속을 들여다볼 수 없게 만들고 병사들을 공정하고 엄격하게 다룸으로써 하나같이 움직이게 한다. 능히 병사들의 눈과 귀를 멀게 하여 장군의 진정한 의도가 무엇인지를 모르게 한다.

장군지사 정이유 정이치 능우사졸지이목 사지무지
將軍之事 靜以幽 正以治 能遇士卒之耳目 使之無知

역사 사례에서도 제2차 세계대전 당시 일본군 야마모토 연합함대 사령관은 진주만 공습을 할 때 '후지산 등반'이라는 작전명을 하달 후 진주만을 향해 가는 동안 병사들은 어느 곳으로 향하는지 몰랐다. 또한, 연합군 총사령관 아이젠하워 장군 역시 노르망디 상륙작전을 계획하고 시행할 때까지 병사들은 상륙 장소를 몰랐다. 그래서 연합군 병사들은 작전을 수행할 때 상륙 장소가 노르망디가 아닌 영국과 가장 인접했던 칼레 지역으로 알고 있었다. 이처럼 수많은 장군들은 결정적인 전쟁을 수행할수록 내부 정보가 유출되는 것을 막기 위해 《손자병법》의 지침대로 구체적인 의도와 방법을 일부만 알고 병사들에게는 알려주지 않았다.

《손자병법》과 과거 전쟁 사례에서 지휘관들이 그토록 경계했던 내부의 적, 즉 배신자는 우리나라 군대 내부에 존재할 수도 있다. 따라서 군대에서는 항상 내부 자료를 유출하려는 간첩을 찾기 위한 다양한 노력을 하고 있다. 만약 군대에서 이를 간과할 경우 우리의 작전이 적에게 노출된 상태로 중요한 전투를 하게 되어 소중한 장병들의 생명이 위협받게 된다.

내부의 적은 군대에만 존재할까? 그렇지 않다. 분명 내부의 적은 우리 사회 내부 곳곳에서 활동하고 있다. 처음부터 외부에서 내부로 잠입했을 수도 있고 또는 특정 계기가 되어 소속된 집단에 반감을 느끼고 조직을 배신했을 수도 있다. 다만 여러분들이 피부로 느끼지 못하기 때문에 나와는 상관없는 일이라고 외면할 뿐이다. 그런데 만약 여러분들이 회사의 CEO나 팀장 또는 담당 실무자로서 오랫동안 준비했던 프로젝트나 몇십 억을 쏟아부은 특허가 타 회사로 유출되어 우리 회사에 심각한 문제가 발생된다면 그것은 더 이상 외면할 수 없는 문제다.

그렇다면 서로 신뢰하고 행동해야 하는 집단 구성원들 간에는 어떻게 지내야 하나? 내부에 있을지 모를 적 때문에 구성원 모두를 불신하고 중요한 업무는 핵심 인원들만 공유해야 하는 것인가? 《손자병법》에서도 이 부분을 염려했으며, 무엇보다 조직 내 이러한 간첩을 찾는 데 집중하라고 했다.

적의 간첩으로서 아측에 와서 간첩활동을 하는 사람을 반
드시 찾아내어 이 사실을 이용해 그에게 이익을 제공하고
설득하여 우리 측을 위해 활동하도록 하고 편의와 안락을
제공한다.

必索敵人之間來間我者 因而利之 導而舍之

오히려《손자병법》에서는 내부의 배신자를 찾은 다음 그를
역이용할 수 있어야 한다고 했다. 이를 통해 경쟁자가 방심하
고 있는 사이 적에게 기습공격을 해서 승리할 수 있다고 했
다. 그러나 목숨 걸고 임무 수행하는 이를 발견하고 역이용하
는 것은 분명 어려운 일이다.《손자병법》도 그렇다는 것을 알
고 있기에 뛰어난 지혜를 갖출 것을 강조했다.

사람을 알아보는 뛰어난 지혜를 갖추지 못하면 간첩을 쓸 수 없고, 지극히 교묘하게 비교 및 평가하지 않으면 간첩에 의해 얻은 첩보 중에서 참된 정보를 구분할 수 없다.

비 성 지 불 능 용 간   비 미 묘 불 능 득 간 지 실
非聖智 不能用間 非微妙 不能得間之實

뛰어난 지혜를 갖춘다는 것은 전체적인 국면을 읽고 통제할 수 있는 능력을 갖추고 있음을 의미한다. 우리 내부에서 활동하고 있는 적을 찾아낼 수 있어야 하며, 그를 역이용해서 적의 자료들을 얻을 수 있어야 한다. 또한 그를 통해 얻은 자료 중 진짜와 가짜를 구분해서 중요한 결심을 하는 데 사용해야 한다.

나는 이러한 지혜를 갖춘 인물로 2차 대전과 6·25 전쟁의 영웅으로 알려진 미 육군 예비역 대령 '김영옥'을 꼽고 싶다. 솔직히 그는《손자병법》구절에서 강조했던 내용, 즉 '부하들에게 의도를 드러내지 말고 눈과 귀를 멀게 하라'는 것과는 정반대로 했다. 항상 부하들과 정보를 최대한 신속히 공유하기 위해 노력했다.

왜 김영옥 예비역 대령은 《손자병법》에 기술된 내용대로 하지 않고 다르게 행동했을까? 만약 내부에 적이 있었다면 위험할 수 있는 상황이었을 텐데 왜 그것을 감수하면서까지 그렇게 했을까? 그는 지휘관이 무슨 생각을 하고 있으며 전체 상황이 어떻게 전개되는지 부하들이 정확히 알수록 대대가 하나의 단위로서 유기적으로 기능하고 결과적으로 전투력을 향상시킬 수 있다고 믿었고 그렇게 행동했다.

그는 언제 어떠한 상황이 생길지 모르는 전쟁터에서 믿을 사람은 부하들이었고, 그들과의 긴밀한 소통을 통해 전체적인 국면을 읽고 통제할 수 있는 능력을 갖추고자 했다. 제2차 세계대전 때도 6·25 전쟁 때도 내부 첩보를 흘리고 이익을 챙기는 배신자가 있었을 것이다. 그러나 그는 내부에 있을지 모르는 배신자를 찾는 데 집중하기보다 부대원들에게 맡기고 승리할 수 있는 작전계획에 몰두했다. 구성원들 간에 신뢰와 믿음이 단단했던 부대였기에 그런 조짐이 있는 인원은 그에게 신속하게 보고하고 조치될 수 있는 시스템이 갖추어져 있었던 것이다. 그는 이러한 부대 분위기를 조성한 뒤 적 상황과 지형, 기상 등을 고려해 작전계획을 소신 있게 작성 후 적용할 수 있었다. 그리고 2차 대전과 6·25 전쟁 등 다양한 전투에서 승리를 거둘 수 있었다. 그 결과 부대원들의 소중한 생명을 지키는 것은 물론 그 공로를 인정받아 미국과 유럽의 각국으로부터 훈장을 받았다.

《손자병법》의 모든 구절을 있는 그대로 따라 하는 것은 교과서대로 행동하는 것이며, 작전계획대로만 싸우는 것이다. 《손자병법》에서 의미하는 바를 충분히 내 것으로 만든 뒤 적용하는 것이 더 효과적이다. 즉 누가 얼마나 《손자병법》의 내용을 읽은 후 잘 적용하는가가 승리의 핵심인 것이다.

리더가 내부의 적을 찾기 위해 의심하고 조사하고 불신할 경우 사기가 더 저하될 수 있다. 원활한 소통과 상호 신뢰를 통해 구성원 중 한 명이 의심스러운 행동을 할 경우 옆 동료로부터 신속하게 제보가 될 수 있는 시스템을 구축하는 것이 더 바람직하다. 그리고 이러한 지혜를 갖추는 것은 《손자병법》에서 지속적으로 강조하고 있는 싸우지 않고 이기는 지혜를 실천하는 일이라고 확신한다.

◆ ◆ ◆

"우리는 날아오는 창을 피할 수는 있지만
숨겨졌던 칼을 피하지는 못한다."

중국 명언

孫子兵法

승리는 주어지는 게 아니라
만들어 가는 것이다

철저하게 계산하여 이익이 있으면 움직이고 이익이 없으

면 행동을 그쳐야 한다.

현명한 군주는 전쟁을 신중히 생각해야 하고 훌륭한 장수

는 전쟁을 경계해야 한다.

합 어 리 이 동 불 합 어 리 이 지
合於利而動 不合於利而止

명 주 신 지 양 장 경 지
明主愼之 良將警之

《손자병법》은 우리 집안 가보로만 내려온 비법서가 아니

다. 전 세계에 누구라도 읽을 수 있는 책이다. 내 경쟁자가 그

것을 운 좋게 보지 않았다면 내가 《손자병법》의 일부 내용을 적용해서 경쟁에서 이길 수 있다. 그러나 그렇게 이긴 승리는 나의 진짜 실력이 아니다. 나보다 경쟁자가 준비를 조금 미흡하게 했거나, 경쟁할 때 약간의 실수가 있었을 뿐이다. 그럼에도 불구하고 내 실력으로 착각해 더 높은 목표를 향해 무작정 달려가며 또 다른 경쟁자를 만나 동일한 방식으로 싸우고자 한다면 돌아오는 것은 치명적인 패배일 것이다. 《손자병법》에서도 여러 곳에서 반복 강조하고 있다.

이런 내용은 비단 《손자병법》에만 언급되어 있는 것은 아니다. 춘추전국시대 말기의 사상가 중 한 명이었던 '열자(列子)'의 책에서도 '싸워서 이긴 뒤에 근심하는 이는 대체로 왕성해지고, 기뻐하는 이는 멸망하게 된다. 본래 이기는 것은 그렇게 어려운 것이 아니고, 이것을 지속해 나가는 것이 어려운 것이다'라고 언급했다. 어쩌다 한두 번 이길 수 있지만, 지속적으로 이기면서 더 높은 목표를 달성하려면 그만큼 더 고민하고 노력해야 하기 때문에 근심할 수밖에 없다는 것이다.

만약 올림픽에서 금메달을 딴 뒤 한 번의 승리에 취해 훈련은 게을리하고 예능 프로그램에 주로 출연하는 선수가 있다고 하자. 그는 다음번 세계선수권대회에 나가서도 금메달을 획득할 당시의 기술을 그대로 사용하면 될 거라고 안이하게 생각하다 결선에도 오르지 못하고 예선 탈락하게 된다. 그는 '왜 지난번과 다르게 이 기술이 통하지 않을까?' 하고 의아해할 수 있지만 그때는 이미 늦었다.

올림픽 당시 본인은 기쁨의 순간이겠지만 메달을 획득하지 못했던 선수들에게는 슬픔과 아쉬움의 순간이었음을 헤아리지 못한 결과이다. 그들 역시 올림픽에 참가했다는 것은 그 나라를 대표하는 실력이 검증된 선수들이다. 모두 다 실력은 비슷하다. 다만 결정적인 순간에 조그마한 차이로 승부가 나는 것이다. 슬픔과 아쉬움이 컸던 선수들은 그 조그마한 차이를 극복하기 위해 보이지 않는 곳에서 기존에 사용했던 기술과는 다른 더 어려운 기술을 터득하려고 노력했고 세계선수권 대회에서 빛을 보게 된 것이다. 결국 승리는 내가 만들어 가는 것임을 인식해야 한다.

그렇다면 '승리를 내가 만들어 가기 위해서는 나는 어떻게 행동해야 할까?'를 고민해야 한다. 의지만 가지고 승리를 할 수는 없듯이 실력을 키워야 하고 나의 적보다 경쟁력을 갖추고 있어야 한다. 그리고 그 경쟁력은 단순히 적과 주먹다툼하며 누가 얼마나 피를 더 흘렸는가에 필요한 것이 아니다. 여기서의 경쟁력은 내가 압도적인 실력을 가지고 있음을 인정하게 하거나, 이기더라도 상처뿐인 영광이라 싸우기보다 합

의점을 찾아야겠다고 생각할 정도의 역량을 의미한다.

경쟁력은 모두가 보는 곳에서 향상시킬 수 없다. 경쟁자가 내외부 첩보를 통해 나에 대해 파악하고 있기 때문이다. 국가 대표 축구선수들도 월드컵 경기 전에 몸을 푸는 사진만 언론에 공개하고 전술적인 부분은 비공개로 진행하는 것과 같은 맥락이다. 상대를 이길 수 있는 중요한 전술은 절대 오픈하지 않는다. 보이지 않는 곳에서 은밀하게 진행한다. 이는 상대를 속이는 것이 아니다. 오픈할 경우 상대를 자극시켜 경쟁자의 전투력을 높일 수 있는 만큼 사전에 차단하는 것이다.

경쟁력이라는 것은 경쟁자의 등 뒤에서 험담하며 나쁜 계략을 벌이면서 생기는 것이 아니다. 타인을 깎아내리는 것은 단기간에는 일정 부분 효과를 볼 수도 있겠지만 결국 '질투하는 것이다', '실력이 없으니 험담만 한다'라는 이야기를 들을 뿐 여러분의 도덕성에 치명타가 될 수 있다. 그보다는 경쟁자가 보지 않는 곳에서 묵묵히 실력을 키울 때 경쟁력은 더 강해지는 것이다.

또한, 타인에게 SNS로 조그마한 실력이라도 자랑하고 과시하는 것은 여러분의 경쟁력에 어떠한 도움도 되지 않는다. 당장 그만두어야 한다. 경쟁자뿐 아니라 주변 사람들은 여러분이 자랑하는 것에 아무런 관심이 없다. 불편해할 수도 있다.

본인들은 그렇게 할 수 없음에 짜증이 날 수 있기 때문이다. 이러한 행동들은 바람이 우리 쪽으로 불 때 화공작전을 벌이는 어리석은 작전이다.

우리가 적진 밖에서 불을 놓을 수 있을 경우에는 적진 내부에서의 호응만을 기다리지 말고 불이 잘 붙을 수 있는 시간인가를 판단해서 불은 놓아야 한다. 화공은 적 방향으로 바람이 불 때 사용해야지 우리 쪽으로 바람이 불 때는 사용해서는 안 된다.

화 가 발 어 외 무 대 어 내 이 시 발 지
火可發於外 無待於內 以時發之
화 발 상 풍 무 공 하 풍
火發上風 無攻下風

만약 여러분이 조그마한 실수라도 하면 다들 그럴 줄 알았다며 깎아내리기 바쁠 것이다. 여러분들은 내 삶을 그냥 나의 지인들과 공유하고 싶었을 뿐이라고 이야기하고 싶겠지만 현실은 그렇지 않음을 인식해야 한다. 만약 경쟁에도 관심 없고 현 수준에서 만족하며 그냥 살고 싶다면 상관없다. 그러나 꿈이 있고 목표를 향해 나아가 무언가를 이루고자 한다면 명심해야 한다.

주변 사람들에게 가장 듣기 좋은 말은 '그럴 줄 알았어. 역시 대단해'가 아니다. 이는 경쟁자를 포함한 주변인들이 여러분의 능력을 이미 알고 있다는 것이기 때문이다. 분명 여러분이 이룬 성과가 보이기 때문에 그보다 더 높은 결과를 얻기 위해 노력하는 이들이 여러분을 곧 추월할 것이다. 그보다는 '별로 내공이 없어 보이던데 언제 이렇게까지 성장했지?'라는 말을 듣는 것이 더 바람직하다. 여러분이 경쟁력을 드러내지 않고 잘 쌓아왔다는 말이기 때문이다. 그냥 지인들에게는 '의외인데?'라는 반응이겠지만 경쟁자 입장에서는 기습을 당한 것이다. 만약 여러분이 한 번이 아닌 여러 번 이런 모습을 보여준다면 경쟁자들은 여러분과 싸우려 하기보다 협상하려 할 것이다. 그들은 자신들이 모르는 무언가를 내가 또 준비하고 있다고 인식하고 있기 때문이다. 이 정도 단계에 이르러야 《손자병법》에서 언급하고 있는 '싸우지 않고 이기는 지혜'를 활용할 수 있는 것이다.

누구나 갖고 싶어하는 지혜는 나이가 많거나 다양한 경험을 했다고 생기지 않는다. 아일랜드 극작가였던 버나드 쇼는 "인간이 현명해지는 것은 경험에 의해서가 아니라, 경험에 대처하는 능력에 따라서이다"라고 했다. 결국 지혜는 내가 지금까지 살아오며 많은 일들을 겪었다고 저절로 생기지 않는다. 살아가면서 내가 힘들고 어려운 순간들을 마주했을 때 회피했는가, 아니면 불편해도 마주 보고 극복하려고 노력했는가가 중요한 것이다. 그러한 노력들이 성공이 되어 빛을 볼 때도 있고 좌절로 돌아올 때도 있을 것이다. 하지만 그러한 과정을 거치면서 어떠한 어려움도 이겨낼 수 있는 내공을 쌓아갈 것이고, 결국 그것이 나의 경쟁력이 될 것이다.

나를 포함한 여러분들의 삶은 많이 힘들고 어렵다. 생각해 보면 삶을 살아갈 때 쉽게 풀렸던 적은 별로 없었다. 다만, 이 순간을 회피하지 않고 극복해 나간다면 어느새 경쟁력을 갖추게 되고 좀 더 나은 미래를 향한 지혜를 품을 수 있을 것이다.

◆ ◆ ◆

"미래를 가장 훌륭하게 예측하는 방법은
그 미래를 직접 창조하는 것이다."
미국 16대 대통령, 에이브러햄 링컨

《손자병법》이 여러분의
강력한 무기가 되길 바라며

"이 책 네가 읽으면 좋을 것 같아서 샀어. 2두 번 읽었는데 내용이 너무 좋더라."

군 동기로부터 책세상의 김광수 교수님께서 쓰신《손자병법》을 선물로 받은 지 어느덧 25년이라는 시간이 지났다. 여러 번 읽으면서《손자병법》에 대한 해석은 다양하게 할 수 있다는 것을 알게 되었다. 전국시대 이후 많은 이들이《손자병법》을 번역하고 해석한 주석본을 작성했다. 우리가 너무 잘 알고 있는 삼국지의 조조 역시《손자병법》주석본을 저술했다. 그 이후에도 중국뿐 아니라 일본에서도《손자병법》에 대한 연구를 많이 했고 여러 권의 책들도 출간되어 전해지고 있다.

안타깝게도 우리나라에서는《손자병법》에 대해 연구한 책자들은 많이 접할 수가 없다. 다행히, 최근에는 오랫동안 고전을 연구한 학자분들이 다양한 집필 활동을 하시면서 군인들뿐 아니라 일반인들도 많이 접할 수 있게 되었다. 나 역시 선물로 받았던 책 말고도 노병천 예비역 대령님의《도해 손자병법》과 신동준 님의《손자병법》책을 구매해서 읽으며《손자병법》에 대한 다양한 시각을 접할 수 있었다.

《손자병법》을 들어보기만 하다가 이 책을 통해 처음 접하면서 친해지기 시작한 독자들이라면 이제 원문을 해석하고 풀이한 주석서들을 과감하게 읽어보기를 권하고 싶다. 원문이 너무 두꺼울 것 같아서 주저가 된다면 그러한 걱정은 하지 않아도 된다. 13개 편으로 이루어진《손자병법》의 원문은 약 6,100여 글자로 이루어져 있는데, A4 용지 5장 분량 정도로 결코 많지 않다. 그럼에도 불구하고 지금까지 주저했던 이유는 대부분 원문이 딱딱하고 어려울 것 같다는 선입견 때문일 것이다.

내가 바라는 것은 이 책이 여러분들이《손자병법》을 자주 접할 수 있는 디딤돌의 역할을 하는 것이다. 그래서 여러분들이《손자병법》주석서를 읽으며 여러분만의 시각으로《손자병법》을 정리했으면 한다.

한 권의 주석서를 처음부터 끝까지 읽었다면 또 한 번 용기 내어 다른 주석서들을 1~2권 더 읽어보는 것은 어떨까?《손자병법》에 대한 다양한 시각으로 쓰인 책들을 접하다 보면 분명《손자병법》의 다양한 지혜들을 여러분만의 가치관으로 정립하는 데 도움이 될 것이다.

또 한 가지 중요한 부분을 여러분과 함께 나누고자 한다. 《손자병법》이 여러분의 삶에 지혜를 주는 정말 좋은 책인 것은 분명하다. 그러나 그보다 더 중요한 것은 여러분 주위에 있는 사람들이다. 가족뿐 아니라 사회생활을 하면서 만나게 된 직장 상사, 동료, 선후배 그리고 경쟁자들까지 모두 여러분의 삶에 가장 중요한 영향을 미치게 된다.

책에서도 여러 차례 밝혔지만 임관하기 전에《손자병법》을 선물로 받은 것부터 시작해서 임관 후 소대장 때 나를 멋지게 만들어 주었던 분대장들, 중대장 임무를 수행할 때 만난 소대장들과 백○○ 병장은 잊지 못한다. 또한, 대대장 복무 당시에는 중대장들을 비롯해서 나를 믿고 따라와준 수색대대원들에게 고마움을 느끼고 작전에만 전념할 수 있도록 배려해주신 사단장님 두 분께 진심으로 감사함을 표현하고 싶다. 그리고 사단 참모를 잘 마칠 수 있도록 힘이 되어준 정보처 간부들, 마지막으로 실무자 임무를 수행할 때마다 질책과 조언을 아낌없이 해주셨던 선배님들과 상급자분들 덕분에 지금까지 군 생활을 하고 있다고 믿고 있다.

아무리 내가 수백 번《손자병법》을 읽고 통달했다 하더라도 실제 생활에서 실천하고자 할 때 내 주변 사람들과 함께 해나갈 수 없다면 이론에 그치는 것이다. 그야말로 '사상누각(沙上樓閣)', 즉 모래 위에 세운 집에 불과한 것이다. 그렇기 때문에《손자병법》을 열심히 읽는 것 이상으로 사회생활을 같이 하는 주변 사람들에게 관심을 갖고 같이 나아갈 수 있도록 노력해야 한다. 물론 그 내용들도《손자병법》에 고스란히 담겨있다.

또한, 나의 경쟁자와도 잘 지내야 한다. 책에서도 언급했지만 경쟁자와 각을 세우면 그의 의도를 읽을 수도 없고, 그의 지혜도 내 것으로 만들 수 없다. 서로 적대감을 표출하는 '제로섬 게임'으로 접근하기보다 서로 간에 도움이 될 수 있는 관계를 유지한다면 분명 시너지 효과를 낼 수 있다. 그러한 긍정적이고 건전한 경쟁관계를 구축한다면 여러분이 기존에 계획했던 목표보다 더 높은 목표를 이룰 수 있을 것이다.

마지막으로 내가 군 복무를 하면서 읽고 싶은 책을 얼마든지 읽을 수 있도록 배려해준 아내와 아직도 아빠를 좋아하고 따라주어서 너무나도 고맙고 사랑스러운 딸 다연이에게 이

책을 전한다. 또, 부족한 이 책을 출판할 때까지 신경 많이 써
주신 미래북 임직원께도 감사하다.

참고문헌

단행본

강상구, 《마흔에 읽는 손자병법》, 흐름출판, 2011.

고바야시 가오루, 《피터 드러커·미래를 읽는 힘》, 남상진 옮김, 청림출판, 2002.

김환영, 《곁에 두고 읽는 인생 문장》, 중앙북스, 2020.

나관중, 《삼국지》, 혜민북스, 2021.

니콜로 마키아벨리, 《군주론》, 현대지성, 2021.

도널드 트럼프, 《반드시 해내겠다 말하라!》, 중앙북스, 2010.

바실 리델 하트, 《전략론》, 주은식 옮김, 책세상, 1999.

빅터 프랭클, 《죽음의 수용소에서》, 이시형 옮김, 청아출판사, 2020.

손무, 《손자병법》, 이규호 옮김, 문예춘추사, 2016.

손무, 《손자병법》, 김광수 옮김, 책세상, 1999.

야마모토 신지, 《일근육》, 전경아 옮김, 웅진윙스, 2006.

애덤 그랜트, 《싱크 어게인》, 이경식 옮김, 한국경제신문, 2021.

유발 하라리, 《사피엔스》, 조현욱 옮김, 김영사, 2015.

안도현, 《연탄》, 봄이아트북스, 2023.

이미도, 《똑똑한 식스팩》, 뉴, 2016.

이지성, 《리딩으로 리드하라》, 차이정원, 2016.

이타가키 에이켄, 《손정의 제곱법칙》, 김정환 옮김, 한국경제신문사, 2015.

이철희, 《1인자를 만든 참모들》, 페이퍼로드, 2013.

이주희, 《강자의 조건》, MID, 2014.

전옥표, 《이기는 습관》, 쌤앤파커스, 2007.

카알 폰 클라우제비츠, 《전쟁론》, 류제승 옮김, 책세상, 1998.

캐스 선스타인, 《누가 진실을 말하는가》, 이시은 옮김, 21세기북스, 2015.

콜린 파월, 토니 콜츠, 《콜린 파월의 실전 리더십》, 남명성 옮김, 샘터, 2013.

피터 드러커,《피터 드러커의 위대한 혁신》, 권영설, 전미옥 옮김, 한국경제신문사, 2006.

하버드 공개 수업 연구회,《하버드 협상 강의》, 송은진 옮김, 북아지트, 2018.

한우성,《영웅 김영옥》, 북스토리, 2005.

신문 잡지

"세계로 진출하려는 일본 자위대의 현장을 다녀와서", 〈국방일보〉, 2017.7.19.

"《손자병법》, 2600년 전 작성된 경영전략 지침서 손정의·빌 게이츠·트럼프의 '승리 기본원칙'", 〈이코노미 조선〉, 2017.8.14.

"《손자병법》에 연매출 20억 비밀이…" 장사의 神이 사는 법, 〈조선일보〉, 2022.11.30.

"승리를 부르는 퍼거슨과 히딩크의 리더십", 〈사례뉴스〉, 2022.1.4.

"스마트폰 선구자 '블랙베리'의 몰락", 〈IT동아〉, 2020.7.12.

"여우의 꾀", 〈경향신문〉, 2007.1.23.

"주인인가, 나그네인가?", 〈월요신문〉, 2021.11.17.

"징병제를 둘러싼 남녀 갈등 – 군 복무에 대한 적절한 보상과 인정의 부재가 만들 균열", 〈한국리서치〉, 2021.7.14.